高等学校课程思政系列教材

土木工程专业课程思政优秀案例：桥梁红色基因

王 磊 彭建新 主 编
蒋田勇 贺 君 殷新锋 马亚飞 刘汉云 副主编
张可荣 主 审

中国建筑工业出版社

图书在版编目（CIP）数据

土木工程专业课程思政优秀案例：桥梁红色基因 / 王磊，彭建新主编；蒋田勇等副主编 . —北京：中国建筑工业出版社，2023.7
高等学校课程思政系列教材
ISBN 978-7-112-28445-0

Ⅰ.①土… Ⅱ.①王…②彭…③蒋… Ⅲ.①思想政治教育—教学设计—教案（教育）—高等学校 Ⅳ.①G641

中国国家版本馆 CIP 数据核字（2023）第 038778 号

为深入贯彻习近平新时代中国特色社会主义思想，推进专业教育和思政教育的深度融合，本书以桥梁为载体，以红色基因为核心，引入众多著名的红色桥梁案例，解读其背后的红色基因。本书共分 5 篇，第 1 篇讲述革命战争年代人民军队和革命群众共筑连心桥的故事；第 2 篇讲述 6 座大桥在抵抗侵略战争中屡次被炸毁被修复的感人故事；第 3 篇讲述中国军队主动炸毁桥梁抵抗日军侵略，铸就伟大抗战精神的故事；第 4 篇讲述桥梁见证中国共产党发展壮大、最后走向胜利的故事；第 5 篇以桥梁为载体讲述近代中华民族不屈奋斗史和强国史。

本书可供高等院校本科生及研究生使用，也可供工程技术人员以及从事领导管理、公共事务、社会事业等人员参考使用。本书对于激发学生的工程热情和爱国热情，推动工程技术人员的专业发展和素质提高，提升桥梁工程的思想内涵有重要的引领示范作用。

为便于教学，作者特制作了与教材配套的电子课件，如有需求，可发邮件（标注书号、作者名）至 jckj@cabp.com.cn 索取，或到 http: //edu.cabplink.com 下载，电话（010）58337285。

责任编辑：赵　莉
文字编辑：勾淑婷
责任校对：张　颖

高等学校课程思政系列教材
土木工程专业课程思政优秀案例：桥梁红色基因
王　磊　彭建新　主　编
蒋田勇　贺　君　殷新锋　马亚飞　刘汉云　副主编
张可荣　主　审

*

中国建筑工业出版社出版、发行（北京海淀三里河路 9 号）
各地新华书店、建筑书店经销
北京雅盈中佳图文设计公司制版
北京圣夫亚美印刷有限公司印刷

*

开本：787 毫米 ×1092 毫米　1/16　印张：11¾　字数：233 千字
2023 年 6 月第一版　　2023 年 6 月第一次印刷
定价：40.00 元（赠教师课件）
ISBN 978-7-112-28445-0
（40737）

版权所有　翻印必究
如有印装质量问题，可寄本社图书出版中心退换
（邮政编码 100037）

序

桥，水梁也；梁，水桥也；大而为陂陀者曰桥；用木跨水，则今之桥也。因桥梁之出现，人们得以越山川而致交通。中国桥梁从"舜命禹疏川奠岳，济巨海，鼋鼍以为梁"的神话传奇，到"沉管为隧，拉索成桥，海中造岛以转桥隧，'跨海长虹'飞架三地"的创新发展；从梁桥、拱桥、斜拉桥、悬索桥构件形态的加速演进，到"三塔方案""三索面新结构""转体施工"建造技术的突飞猛进，都是勤劳智慧的中国人民顺应自然、因势利导的创造结晶，书写了人类桥梁史上一个又一个奇迹。

长沙理工大学作为一所具有鲜明交通特色的工科高校，"为共和国架桥、为人民架桥"早已融入血脉，长理人无惧山海之远，誓化天堑为通途，数十年如一日，为这些桥梁奇迹默默奉献力量。如何传承这份情怀，如何熔铸这种品格，如何彰显这个特色，精彩应答"培养什么人、怎样培养人、为谁培养人"这一根本问题，是长理人孜孜以求的目标。长期以来，学校始终坚持"党办的大学让党放心、人民的大学不负人民"的价值追求，落实立德树人根本任务，致力培养卓越工程人才，将价值塑造、知识传授和能力培养融为一体，把"红色"作为人才最鲜亮的"底色"，全面实施"打底工程"，深化课程思政建设，在讲好专业知识的同时，充分挖掘蕴含其中的思政元素，立项建设了一批课程思政"金课"，编写出版了一系列课程思政案例集，构建了"富含思政元素的工程课程体系"。

《土木工程专业课程思政优秀案例：桥梁红色基因》编著者着眼于挖掘和运用桥梁所蕴含的红色资源铸魂育人，围绕中国共产党领导中国人民实现民族独立、人民解放、国家富强的奋斗历程，目光遍及国内 18 个省市自治区以及朝鲜等国，选取了具有代表意义的 32 座桥梁，既有距今 140 余载，生动见证"只有中国共产党才能救中国、才能发展中国"的衡阳七孔石拱桥；又有红军勇士冒着枪林弹雨，以"飞夺"赢得长征途中具有战略性胜利的泸定桥；更有志愿军战士浴血奋战，用钢铁意志铸就精神丰碑——冰雕连的长津湖水门桥……

作为教育工作者就是要用心用情讲好"桥梁故事"，讲透这一个个凝固着无限智慧和勇气的工程结构，讲活这一个个积淀着红色基因和血脉的精神载体，引导激励广大青年成才报国、工程报国，自觉成为堪当民族复兴大任的时代新人。

奋斗扬起理想风帆，实干成就梦想蓝图。一部中国桥梁史也是一部中华民族继往开来、生生不息的逐梦史，其中红色桥梁就是最为光辉、灿烂的篇章。中国近代桥梁工程奠基人茅以升曾说"回首前尘，历历在目，崎岖多于平坦，忽深谷，忽洪涛，幸赖桥梁以渡。而桥何名欤？曰奋斗"。人生何其有幸，我们亲眼见证了中国共产党和中国人民团结奋斗赢得的历史性胜利，亲眼见证着中国日益走近世界舞台的中央。立足新时代新征程，希望广大青年沐浴信仰之光，守正创新、追求卓越，以桥逐梦，造跨越山川湖海之桥，架文明交流互鉴之桥，搭沟通民心民意之桥，在奋斗中创造奇迹、成就精彩，奋力实现中华民族伟大复兴的中国梦。

是为序。

前言

历史是最生动的教科书和最丰富的营养剂,我们要从党的百年奋斗史诗中汲取智慧和力量,更好凝聚起推动高等教育工作高质量发展的强大精神动力和舆论支撑,以立德树人的新成效向党的百年华诞献礼!

随着国家经济的腾飞,我国的桥梁事业也迎来了前所未有的发展。在党的领导下,从建成"万里长江第一桥"——武汉长江大桥,到如今的"世纪工程"——港珠澳大桥,我国桥梁事业从弱到强,无论在建设规模上,还是在科技水平上,均已跻身世界先进行列。大大小小的桥梁已将广袤的中国编织成一个充满活力的整体。这些桥梁不是冰冷的钢筋混凝土构造物,而是中华儿女聪明才智和艰苦奋斗的结晶。它们具有温度和灵魂,被赋予了伟大的"中国精神"。许多桥梁已成为具有鲜明时代特征、令人赏心悦目的人文景观,它们背后鲜为人知的红色故事更是振奋人心。

泱泱中国,幅员辽阔,山脉纵横,江河交错。曾经,大江大河隔离了两岸,两岸上的人民近在咫尺却无法相会。而后,一道道"彩虹"披挂,桥连万途,桥通万家。中国的文化离不开水,有水的地方就有桥,每座桥都是一种文化,一种精神。因此,本书旨在通过介绍桥梁背后的红色故事、英雄事迹,结合党的百年历史,阐述"桥梁红色精神",培养学生良好的职业责任和工匠精神,增强爱国主义和民族自豪感。

中国共产党是在血与火的淬炼中成长起来的,一座座桥梁诉说着党史百年峥嵘岁月,有的见证了中国共产党人的艰辛探索,有的见证了中国共产党从低潮中艰难奋起,有的见证了中国共产党生死攸关的伟大转折,有的见证了中国共产党人的视死如归,有的见证了中国共产党从艰难曲折中逐渐走向胜利的会师，有的更见证了在中国共产党的领导下让天堑变通途的繁荣昌盛。

一个个故事就是一段段历史，一段段历史更是串起了中国共产党的百年奋斗史。讲好桥梁红色故事，传承桥梁红色基因，争做中华优秀传统文化的忠实传承者和弘扬者。

全书分为5篇，第1篇搭建军民鱼水情，架设百姓连心桥由彭建新、马亚飞、贺君、鲁乃唯、戴理朝、刘汉云编写；第2篇炸不毁的桥，灭不了的魂由殷新锋、蒋田勇、陈卓异、刘汉云编写；第3篇陡地风云突变色，炸桥挥泪断通途由彭建新、蒋田勇、马亚飞、戴理朝、吕毅刚、陈卓异编写；第4篇星星之火可燎原，胜利荣光桥见证由蒋田勇、殷新锋、贺君、鲁乃唯、陈卓异编写；第5篇以史为鉴记国耻，桥梁强国再出发由殷新锋、马亚飞、戴理朝、吕毅刚编写。全书由王磊、彭建新和张可荣审稿。

由于时间仓促及限于编者水平，书中一定存在不少缺点，请读者批评指正。

编者

2022年5月12日

目 录

第1篇 搭建军民鱼水情,架设百姓连心桥

第1章 一座七孔石拱桥,见证半部近代史
　　　——衡阳七孔石拱桥 // 2

第2章 铜钱传承红色佳话,桥梁见证军民情深
　　　——湖南武冈木瓜桥 // 6

第3章 长征历经峥嵘岁月,逆境筑造连心浮桥
　　　——赣州东津桥 // 13

第4章 门板搭浮桥,赤水出奇兵
　　　——长征路上的赤水河浮桥 // 18

第5章 西北咽喉,百年铁桥
　　　——兰州中山桥 // 24

第6章 我国悬索桥的摇篮,湘西红色革命的见证
　　　——湘西能滩吊桥 // 31

第7章 抗美援朝卫家园,英勇无畏护断桥
　　　——鸭绿江断桥 // 36

第2篇 炸不毁的桥,灭不了的魂

第8章 嫩江桥上打响武装抗日第一枪
　　　——嫩江铁路桥 // 44

第9章 遗忘的激战之地,淞沪血战八字桥
　　　——上海虹口八字桥 // 50

第10章 废旧铁轨筑英雄身,阻敌炸桥铸爱国魂
　　　——广西柳州柳江铁桥 // 54

第11章 铿锵龙津,风雨不倒
　　　——龙津风雨桥 // 58

第12章 扼交通之咽喉,守生命之保障
　　　——朝鲜清川江大桥 // 62

第3篇 陡地风云突变色，炸桥挥泪断通途

第13章 民族脊梁，坚强不屈
—— 杭州钱塘江大桥 // 70

第14章 炸桥以阻日军南下，修桥以赋历史新任
—— 泺口黄河大桥 // 78

第15章 长干里跨秦淮，阻敌军而身毁
—— 秦淮河上长干桥 // 84

第16章 坚忍不拔的信念，永不屈服的战魂
—— 云南保山惠通桥 // 90

第17章 浴战火重生，保家国无恙
—— 贵州盘江铁索桥 // 96

第18章 苟利国家生死以，岂因祸福避趋之
—— 衡阳湘江大桥 // 101

第19章 粉身碎骨浑不怕，深河阻敌显威名
—— 贵州独山深河桥 // 105

第4篇 星星之火可燎原，胜利荣光桥见证

第20章 北伐先锋叶挺，汀泗捷铸铁军
—— 北伐革命汀泗桥 // 110

第21章 红军长征第一桥
—— 瑞金武阳桥 // 116

第22章 红四军飞夺泸定桥，打通北上抗日道路
—— 大渡河上泸定桥 // 120

第23章 大桥开启阻日军，百年开合解放桥
—— 天津解放桥 // 126

第24章 八一桥筑英魂度，华夏繁兴九州铸
—— 南昌八一大桥 // 130

第25章 王曲百年石梁桥，桥上杀敌阻日寇
—— 河南漯河王曲石梁桥 // 134

第26章 万军东西英勇进，拦腰断敌红旗扬
—— 天津金汤桥 // 139

第 5 篇 以史为鉴记国耻,桥梁强国再出发

第 27 章 生受"跨"下辱,铭记苦难史
　　　　——辽宁省沈阳市三洞桥 // 146

第 28 章 建桥彰显工匠魂,守京尽显爱国情
　　　　——永定河上卢沟桥 // 151

第 29 章 抗日远征烽火线,南洋机工血肉桥
　　　　——中缅边界畹町桥 // 155

第 30 章 日寇入琼岛,断桥话沧桑
　　　　——海口南渡江铁桥 // 162

第 31 章 十四年烽火岁月,一纸降书落芷江
　　　　——湖南省怀化市芷江七里桥 // 166

第 32 章 水门桥上风云聚,志愿强军断敌途
　　　　——长津湖水门桥 // 171

第 1 篇
搭建军民鱼水情,架设百姓连心桥

本篇主要讲述革命战争年代中国共产党领导的人民军队心里时刻装着老百姓,处处为老百姓着想,老百姓也都自觉自愿地为红军分忧解难的故事。红军渡河无桥,老百姓就自发搭建浮桥、铁桥;战争中桥被炸毁了,军民就同心同德抢修大桥;红军露宿的风雨桥,也留下"萝卜眼里长铜钱"的红色佳话。一座座红军桥把红军和人民紧紧联系在一起,军爱民、民拥军,他们用实际行动"搭建军民鱼水情,架设百姓连心桥",化有形之桥为无形心桥,使军民一家的优良传统始终薪火相传、生生不息。

第1章
一座七孔石拱桥，见证半部近代史
——衡阳七孔石拱桥

> 湖南衡阳七孔石拱桥建于清末，经历国内革命战争、抗日战争、解放战争，如今安享盛世，并且后继有"人"，接续奋斗。这座饱受百年沧桑的石拱桥，见证了中国人民从站起来到富起来的辉煌历程，凝聚了伟大的民族精神、革命精神、抗战精神！

一、衡阳七孔石拱桥

七孔石拱桥由衡阳清花湾人民共同修建。清花湾有清水与蒸水两条河流在此汇集。自唐宋以来，此地就是衡阳西部重要的水陆交通枢纽和商贸口岸。由于有蒸水河和清水河两条河流的分隔，人民的生产生活极为不便。

清同治年间，在当地谭氏家族的倡议下，清花湾人民有钱出钱，有力出力，有手艺的出手艺，从10余公里之外的阳古坳鸡岭开山凿石，历经数十年时间，用勤劳的双手和简陋的工具，于光绪五年（公元1879年）完工，在蒸水河上修建了这座蔚为壮观的石材七拱桥，称为"七孔石拱桥"（图1.1），又名石鼓七孔桥，长130m、宽7m、高10m。桥面和桥体均由坚固的山石砌成，非常坚固。

这座石拱桥在当时成为西渡（今湖南衡阳县）与衡州（今湖南衡阳）的连接通道，也是进出衡州古城的必经之路，更是贯通衡州与宝庆（今湖南邵阳）、零陵（今湖南永州）和广西的陆上驿道。这座古桥已有140多年的历史，历经一个半世纪的洗礼，依然雄姿卓立在波光粼粼的蒸水上。

图1.1　七孔石拱桥

二、七孔石拱桥见证红军草创时期

二十世纪一二十年代军阀混战期间，形形色色的军队穿梭于七孔石拱桥，在清花湾反复拉锯争夺，散兵游勇，掳掠乡里，人民苦不堪言，七孔石拱桥哭啦！

1926年6月，北伐军跨过七孔石拱桥，挥师北进，打败了盘踞衡阳以北的北洋军阀，推动了工农革命运动的高涨。

1928年2月23日，国民党围剿工农革命军第7师，沿蒸水衡桂古道进发，气势汹汹奔七孔石拱桥而来。第7师参谋长朱坤山率领精干队伍，疾驰七孔石拱桥迎战敌军。朱坤山在七孔石拱桥上布下警戒，监视衡阳城方向敌情，自己则带领战士走店串铺，开展群众工作，在石拱桥附近的街头巷尾贴满了标语。傍晚时分，清乡头目曾丽珊率部踏过石拱桥，耀武扬威开到了石拱桥附近的街上。但见满街贴着"打倒反动军阀""消灭挨户团、清乡队"的标语，还有一张大幅告示上写着："大家团结起来，谁敢再来打杀我们，就叫他有来无回。"群众街谈巷议，说南乡的罗子平和西乡的朱坤山要在石拱桥合击清乡兵。色厉内荏的曾丽珊惊恐万状，慌忙带领团兵掉头向衡阳城逃去。朱坤山站在七孔石拱桥上，"目送"不可一世的清乡团兵消失在薄暮中，立即率部与主力会合，全歼了来犯之敌。

三、七孔石拱桥亲历抗日战争

1944年6月，衡阳保卫战打响，七孔石拱桥成为中国军队后勤补给的重要交通枢纽，国民革命军第10军为了拖垮日军，炸毁了衡阳城及周边抗战中的桥梁。七孔石拱桥东一孔内安装了炸药，还未来得及引爆，1944年6月20日，日军就占领七孔石拱桥，不断通过石拱桥向衡阳城攻击而去，七孔石拱桥在日寇的铁蹄下哭泣（图1.2）。七孔石拱桥两岸成了中国军队抗击日寇的重要战场。国民革命军第79军从7月6日起，在清花湾及周边地区与日寇进行了顽强的战斗，在空军的支援下，先后三次夺回七孔石拱桥。激战中，日寇炮轰七孔石拱桥西二孔的分水处，桥身弹痕累累，但石拱桥仍巍然挺立！7月29日拂晓，日寇集中2000余人、4门炮发起强攻，七孔石拱桥最终失守。8月8日，衡阳城沦陷，日军在七孔石拱桥西岸的庵子山（今衡南县

图1.2 伤痕累累的七孔石拱桥

冠市镇）上驻扎重兵，并修建了炮楼、碉堡、战壕等工事，在纱帽岭（今衡南县）上架起机枪及大炮，负隅顽抗，在清花湾烧杀抢掠，其中在冯呷水塘一次就屠杀了18名手无寸铁的无辜农民，罪恶昭昭，罄竹难书。

1945年8月初，国民革命军东进七孔桥，一举歼灭了龟缩在庵子山工事内的日军，七孔石拱桥又回到了清花湾人民的怀抱，清花湾人民摆脱了日寇的魔爪。

四、七孔石拱桥喜迎解放，安享盛世

七孔石拱桥与清花湾人民休戚与共，风雨同舟，面对1945年至1946年迅猛而来的干旱疫疾，不曾弯腰，继而又受1949年6月特大洪水的汹涌冲击，不曾倒下。只因心中有一个信念：黑暗即将过去，曙光就在前方。这一天终于到来了，1949年9月13日衡宝战役打响，10月8日中国人民解放军第46军进军衡阳，国民党军全线溃退西逃，衡阳获得解放。七孔石拱桥笑迎威武之师、仁义之师、文明之师的到来。3天3夜，中国人民解放军川流不息通过七孔石拱桥，沿着衡桂古道，以排山倒海之势向西勇猛追击，全歼白崇禧第7军和第48军，共29800人。1949年10月8日，七孔石拱桥喜迎解放，清花湾人民推翻了"三座大山"，迎来了翻身做主的中华人民共和国，清花湾人民从此站起来了，七孔石拱桥笑啦！

中华人民共和国成立以来，尤其是改革开放以来，七孔石拱桥精神抖擞、斗志昂扬，服务于清花湾人民，呈现出"桥上人欢马叫、桥下百舸争流"的动人场面，清花湾人民打赢了脱贫攻坚战，全面建成了小康社会，乘势而上开启全面建设社会主义现代化国家新征程，七孔石拱桥乐啦！

在奋斗的路上，勤劳善良的清花湾人民敢为人先，大胆调整产业结构，最早建成了衡阳内最大的蔬菜基地。伴随人流物流剧增，桥下艄公的号子声逐渐被桥上汽车的鸣笛声所取代。古老的七孔石拱桥功成身退，后继有"人"——2015年，一座颇具现代气息的混凝土桥梁出现在她的旁边（图1.3），接过了她"通达"的历史使命，在接续奋斗中展现新担当、新作为。

结语：桥说"只有中国共产党才能救中国"

站在新建的混凝土桥上，端详七孔石拱桥，抚今追昔，桥说："回顾百年近代史，事实证明，只有中国共产党才能救中国、解放中国，中国共产党在中华民族伟大复兴的历史进程中发挥了中流砥柱作用。"我们要感党恩，跟党走，为实现中华民族伟大复兴努力奋斗！

图 1.3　修缮后的七孔石拱桥

参考文献

[1] 谭明楚. 清花湾七拱桥上的历史记忆 [J]. 衡阳通讯，2020，01：45-56.

[2] 姜珊. 漫游衡阳｜衡阳县清花湾：悠悠蒸水上 百年七拱桥 [N/OL]. 潇湘晨报，2019-11-30[2022-04-23]. https：//www.toutiao.com/article/6765016190529044999/?wid=1648268448849.

[3] 掌上衡阳. 蒸水河上有座百年老桥，曾为衡阳保卫战立下战功，你去看了吗 [Z/OL]. 2019-12-17[2022-04-25].

[4] 曹丽囡. 那些年，那五年 [N/OL]. 瞭望，2015-01-16（4）[2022-04-28].

第2章
铜钱传承红色佳话，桥梁见证军民情深
——湖南武冈木瓜桥

> 武冈红军桥，原名木瓜桥，是湖南省省级文物保护单位，跨越资水，为武冈到城步的交通要道。1930年12月，中国工农红军第7军千里转战由桂入湘，到木瓜桥村时已缺粮少弹，不明所以的全村村民因惊惧躲避至山林。红军虽饥寒交迫仍秋毫无犯，刺骨寒风中露宿于桥廊，并留下"萝卜眼里长铜钱"的红色佳话。木瓜桥不仅是当年红七军途径武冈的历史见证，更是红军与老百姓军民鱼水情深的见证，早已经化为无形之桥，让红军与人民永远心连心。

一、湖南武冈木瓜桥

武冈木瓜桥（图2.1）位于武冈城西南15km邓元泰镇木瓜桥村，跨资水，东西走向，是武冈在资水上的第一座桥，是从武冈进入广西古驿道的水陆要津，是商贾云集、游客如织的地方。木瓜桥始建年代不详，但至今已有300多年历史。明清之际，过河只有石墩，很不方便，在乡贤的倡议和主持下集资筹劳修建木瓜桥。当时是没有桥名的，快要建成时，乡贤们来察看工程进度和质量，看到河面上漂浮一个硕大的木瓜。《诗经》有云，"投我以木瓜，报之以琼琚。匪报也，永以为好也！"乡贤们希望新桥能像木瓜一样惠及乡邻、造福一方，故取名木瓜桥，村因桥名。清康熙五十年（公元1711年）增建桥亭，同治八年（公元1869年）重建，桥为石木结构的风雨桥。

木瓜桥全长44m，面宽4.7m，四墩五拱，墩上叠木，拱间架木，逐层往上出跳，木以上石板加重压固，构成12排木架长廊，为叠梁式木构架风雨廊桥。桥身工艺采用"伸壁式"建造，即金刚

图2.1 木瓜桥远景图

墙上叠木,逐层往上出跳,形成桥墩(图2.2)。桥墩上置千金楼支托桥台,千金楼上铺木垫板,垫层上用黄泥石灰砂浆铺青石板形成桥台,桥屋架为穿斗式11步梁木构架,两侧对称布置三步穿斗梁架,形成重檐桥亭。桥身两端叠落山墙、中间廊亭,建筑用材主要为木材、青砖、小青瓦、青石等。建筑式样是极具我国南方特色的廊桥建筑形式,桥本身保留了南方晚清桥梁建筑的风格,有着珍贵的文化价值(图2.3)。

图 2.2　木瓜桥东门

　　(a)　　　　　　　　　(b)　　　　　　　　　(c)　　　　　　　　　(d)

图 2.3　木瓜桥细部构造

(a)大门;(b)建筑雕饰;(c)建筑雕饰;(d)桥屋屋架

走进木瓜桥村,穿过一条古朴的老街,映入眼帘的就是木瓜古桥。来到桥前,十余级青石板阶梯通向桥上,两侧都有砖砌的两级封火墙,中间是门洞,门上有"木瓜桥"大字。步入桥上,地面铺设了规整的青石板,桥廊两侧有木制长凳,木瓜桥村的老人们喜欢在桥上乘凉,或坐或卧,很是闲适(图2.4)。桥廊中部设有神龛,供奉神像关公(图2.5)。

图 2.4　木瓜桥长廊

2011年1月24日,湖南省人民政府将木瓜桥列为第九批省级文物保护单位(图2.6)。

图 2.5　木瓜桥中部神龛

图 2.6　木瓜桥省级文物保护单位碑文

二、木瓜桥连军民心

红军长征途中曾三过邵阳地区的武冈等地，迂回行程 2200km。因而邵阳地区涌现出一大批革命烈士，留存革命历史纪念馆、烈士陵园、木瓜桥等特色鲜明的革命遗址，流传着"一所学校播火种""一封家书传情怀""一面红旗迎解放"等口口相传的红色故事，特别是发生在木瓜桥的红色佳话"萝卜眼里长铜钱"，教育、影响着一代又一代武冈人。

枪炮声隆隆的 1930 年 12 月，邓小平、张云逸和李明瑞率领的中国工农红军第 7 军①离开它的起义地——广西百色，由桂入湘来到了武冈木瓜桥村。"他们的装备简陋，穿着褴褛，已经进入冬季了还是穿的单衣，随身只有一条灰色军毯。"听说有兵从广西而来，木瓜桥村的村民们如雷轰顶，自然而然联想到民国 15 年，也就是 1926 年，广西军阀沈鸿英率部 5000 余人窜扰村里时烧杀抢掠的情形。为了躲避再次的灾难，全部村民弃家逃命躲入山林，一个个诚惶诚恐地在山上熬了一个不眠之夜，整整一个村庄杳无一人。

第二天天一亮，红军就排着整齐的队列离开了村庄。惊恐未定的村民们下山后确被眼前景象惊呆了。展现在他们眼前的一切完全出乎他们的想象：昔日脏乱的屋前屋后竟然破天荒被收扫得干干净净，每家每户的门锁完好地悬挂着，无处藏匿的鸡鸭仍像往日那样在院内、禾堂里转悠觅食。而就在木瓜桥的西端桥头和附近的菜地里，村民们又有了新的发现——红军将士用红土书写的"共产万岁""我们是红军，不拿群众一针一线""打倒国民党反动派"等标语（图 2.7、图 2.8），不仅用语言告诉了村民们他们是一支什么样的军队，而且也用实际行动表明了这支军队是一支人民的军队。

---

① 1929 年 12 月 11 日，广西警备第 4 大队、教导总队和右江农军在百色举行起义，成立红七军，军长张云逸、前委书记兼政治部主任陈豪人下辖 3 个纵队，分别由李谦、沈静斋、胡斌、袁任远、韦拔群、李朴担任各纵队的纵队长和政委。1930 年 2 月，李明瑞任红七军总指挥，中央代表邓斌（邓小平）任政委和前委书记。

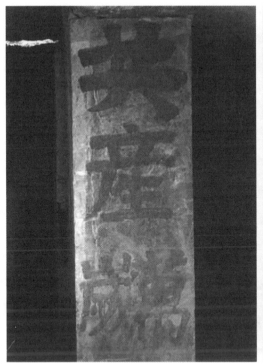

图 2.7 "共产万岁"标语

图 2.8 "共产万岁"标语档案照

"他们是红军，是中国工农红军第 7 军。"村里百姓对往事念念不忘，对萝卜眼里的铜钱更是记忆犹新："后来我们才搞清楚，他们到达这里时，已是千里转战，弹少粮缺。由于村里人一个不落全跑光了，他们又不忍心撬开村民们的家门，只得忍受着刀刮样的北风，露宿在桥廊里、屋檐下。饿了，他们只得到菜地里拔些萝卜充饥，为了不让村民们受损，就在一个萝卜眼里放一枚铜钱……"（图 2.9）

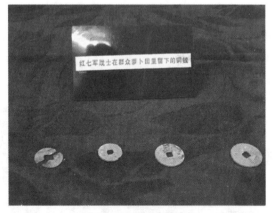

图 2.9 红色铜钱档案照

当地诗人熊烨更是根据"萝卜眼里长铜钱"的故事写下了《红军桥的故事》的叙事诗，全诗如下：

从百色起义的枪声中走过来
从历史的风雨中走过来
把秋天披在褴褛的身上
把寒意扎进单薄的军毯

把疲倦踩成深深的脚窝

把信念飘扬为高举的旗帜

三千人走成一条弯曲的小路

三千人汇成一条汹涌的河流

三千人唱着一支红色的歌

三千人铸成一个共同的名字

——中国工农红军第7军

三、木瓜桥传承红色基因

当地村民不忘红军恩情，永记红色故事，深挖木瓜桥红色基因，用美好生活的实际行动向党和国家交出新时代的奋斗答卷，证明革命先辈的鲜血没有白流。当地村民自发对古桥进行维修保护，并依托木瓜桥村独特的红色文化，努力把木瓜桥村打造成湘西南新时代中国特色美丽乡村建设"第一村"（图2.10）。如今，木瓜桥村是"武冈市美丽乡村建设示范村"，2019年入围湖南省民政厅创建重点扶持幸福社区名录。在实施乡村振兴战略中真抓实干、主动作为，不断提升美丽乡村建设整体水平，2021年被中共湖南省委农村工作领导小组发布表彰通报中评为湖南省"省级美丽乡村示范村"。村域内卫生整洁，环境优美，基础设施健全，农村经济不断发展，村民生态环境意识不断增强，生活水平不断提高，一幅"生态宜居、乡风文明、治理有效、生活富裕"的美丽乡村画卷徐徐展开（图2.11），真正成为宜居宜业新木瓜桥村。

图2.10 木瓜桥村大门

图2.11 木瓜桥村美景画卷

漫步桥上，时间仿佛拉回到当年那血雨腥风的年代，桥下流水淙淙，像在诉说当年红军的故事。至今在桥头还可看到当年红军书写的"共产万岁"的标语。木瓜桥村现在已成为红色教育基地，用它的故事教育一代代年轻人不忘初心、牢记使命（图2.12）。

图 2.12　木瓜桥村红色教育基地　　　　　图 2.13　《萝卜眼里长铜钱》丝弦弹唱

武冈人紧跟时代发展步伐，用不同的方式深挖红色精神，讲好红色故事，传承红色基因。例如，《萝卜眼里长铜钱》短剧、丝弦弹唱以及漫画等艺术作品层出不穷，一次次用崭新的方式传承红军精神（图 2.13~图 2.16）。

图 2.14　《萝卜眼里长铜钱》微电影剧照

图 2.15　《萝卜眼里长铜钱》漫画　　　　　图 2.16　《萝卜眼里长铜钱》舞台剧剧照

结语：铜钱铭记初心传

木瓜桥是武冈的文化年轮，它象征光明，凝聚力量，引领未来，是革命精神的传承，是我党宗旨和本色的集中体现。"一部红军长征史，就是一部反映军民鱼水情深的历史。"木瓜桥搭建起了红军与老百姓鱼水情深的心桥，使得拥军爱民的优良传统薪火相传、生生不息。正是由于一座座红军桥，把党和人民紧紧联系在了一起；正是由于一座座红军桥，让红军和人民永远心连心。有红军在，老百姓心里就拥有了主心骨；有红军在，老百姓就不会遭受地主老财和恶霸欺负；有红军在，男女老少就可以识字学文化；有红军在，军民鱼水，其乐融融；有红军在，不管百姓有什么困难都能得到红军的帮助，老百姓也都在自觉自愿地为红军分忧解难。

红军是中国共产党领导的人民军队，他们一路走一路用"萝卜眼里长铜钱"的军民鱼水情般的故事诠释着共产党人的初心。红军的心里时刻装着老百姓，处处为老百姓着想，宁愿忍饥挨饿，也不损害老百姓的利益。红军是秋毫无犯纪律严明的铁血部队。军爱民，民拥军。木瓜桥村的老百姓虽然很贫穷，但却舍不得把铜钱用掉，他们把铜钱留下来，用铜钱的故事教育自己的子孙后代不要忘记红军的恩情。

参考文献

[1] 李姣. 武冈木瓜桥传统村落保护与发展规划研究 [D]. 长沙：中南林业科技大学，2019.

[2] 黄三畅. 木瓜桥 [J]. 金沙江文艺，2021，6：84–86.

[3] 杨峰. 萝卜眼里长铜钱 [J]. 湘潮（上半月），2012，2：46.

[4] 红网时刻. 唐克俭：激发活力统筹推进美丽乡村建设 [Z/OL]. 2020–06–10[2022–03–23].

[5] 贵州游侠. 邵阳游 贵州游侠 二十、武冈市木瓜桥 [Z/OL]. 2020–07–04[2022–03–23].

[6] 武冈号. 武冈木瓜桥逐渐消失的古迹之二——对联 [Z/OL]. 2021–03–27[2022–03–28].

[7] 红网邵阳站. 第七届湖南艺术节：武冈丝弦《萝卜眼里长铜钱》传唱清廉好声音 [Z/OL]. 2021–12–20[2022–04–11].

[8] 华声在线. 湖南师大学子创作微漫画讲述湖湘红色故事 [Z/OL]. 2021–04–16[2022–04–11].

[9] 新武冈. [不忘初心 牢记使命] 微视频丨武冈红色故事《萝卜眼里长铜钱》[Z/OL]. 2019–12–02[2022–04–11].

[10] 美篇. 走入木瓜桥村，感受乡村文化 [Z/OL]. 2019–02–18[2022–04–11].

第 3 章
长征历经峥嵘岁月，逆境筑造连心浮桥
——赣州东津桥

> 江西赣州贡江之上的东津桥，见证了千年宋城的历史变迁，也见证了工农红军万里长征的艰苦岁月。在战略转移的关键时刻，数十万赣州人民挺身而出，为工农红军突破国民党反动派的第一道封锁线作出了不可磨灭的贡献。弯弯浮桥，是工农红军与赣州人民最温暖的纽带，连接着赣州的过往与今朝。

一、赣州东津桥

赣州东津桥又称惠民桥，始建于公元 1165~1173 年间，距今已有 800 多年历史。时至今日，东津桥依然是贡江两岸人民相互往来的重要通道。东津桥总长 429.5m，共 35 节。靠近两岸的 2 节分别由长 8.5m 的两只船组成，其余每节由 3 只船组成，船身中间最宽 2.3m，船高（含桥面）1.2m，船长 12.5m。113 只船由钢缆连接，铁锚固定在两端，遇到特大洪水时，可拆除钢缆，将船停靠在贡江两岸，以保证东津桥安全。原桥面宽 3.5m，在 1958 年加宽至 5m，可通行人力车。当赣江上船流通量较大时，为保证江面来往船只顺利通航，浮桥分别于上午 9 点和下午 4 点开启一次。

东津桥在古代城市防御中，是一道天然屏障。赣州古城三面环水，章江和贡江在赣州城交汇形成赣江，是赣州古城的天然护城河，护城的同时阻挡了赣州与城市外郊的交通。

由于自身结构和材质原因，浮桥经常需要维修。历史上曾对东津桥进行过多次维修（图 3.1）。明代刘节撰写的《两关船桥记》中记载："两关何，赣郡两关也。赣郡有两关河，章水西注曰西河，贡水东下与章水合曰东河，河皆深广，济者艰焉。""东河为舟则十其十，西河为舟则六其十，创作则八十有四，取其盈也，葺理则七十有六，仍其旧也。"其中记载了东津桥在明代嘉靖十三年（公元 1534 年）的维修情况。经南宋嘉定、明宣德、正统、正德、嘉靖等多次大修，以及不可计数的每次洪水后的中小修葺，才使得东津桥得以保存并使用至今（图 3.2），成为赣州宋代古城风貌的重要组成部分。

图 3.1 《赣州市交通志》大事记中记载古浮桥建造　　　图 3.2 东津桥

二、军民连心筑浮桥

1933 年 9 月，国民党集中优势兵力，向苏区中央红军发动了第 5 次"围剿"，红军为了保留有生力量，被迫撤离中央根据地瑞金，实行战略转移，赣州于都县正是工农中央军开始长征的集结地和出发地。1934 年 10 月 7 日至 17 日，反"围剿"失利后的中央红军，以及第 1、第 2 野战纵队，陆续转移至赣州地域，水流湍急、河面宽达 600m 的贡江成为中央红军长征必须跨越的第一道屏障。

在央视的纪录片中，李明荣向观众讲述了其父李声仁帮助红军渡江的往事。在 1934 年 10 月 16 日晚，李声仁像平时一样在贡江上打鱼，有红军从江边走过，招呼他和另外几个渔夫到岸边，对他们说："乡亲们，今天晚上我们有大批队伍来到这里，打算渡过贡江，想请你们帮忙（图 3.3）。"听说红军要渡河去打国民党，李声仁等人当即答应下来，并将此事告知同村渔民。当晚，抵达贡江岸边的红军分批登上了村民们准备好的二十几条渔船（图 3.4）。渡河的红军有的背着米袋子，挎着枪，有的牵着马，这支部队纪律严明，没有交谈也没有点灯，从高空俯瞰，贡江上一片漆黑肃静。茫茫夜色中，二十几条渔船来回穿梭。整整 3 个夜晚，李声仁和其他渔民把一船船红军将士安全送到了对岸。

赣州人民为了支援红军，主动捐献出大小民船共计 800 余条，一些老乡送来门板和床板，还有人捐出自己的棺材板。在 30 多万赣州军民的共同努力下，短短 4 天时间，贡江 30km 的河面上便架设了 5 座浮桥和众多摆渡点。国民党不断搜索红军动向，经常派飞机在赣州上空盘旋。因此，为顺利实行战略性撤退，所有行动均在夜间秘密进行。

图 3.3　红军长征渡口　　　　图 3.4　长征出发纪念馆中的渔船

每天下午 5 点开始架设临时浮桥，红军通宵渡河后，第二天早上 6 点半之前拆掉浮桥，将搭桥木板藏在旁边树林里，晚上渡河时再次搭建浮桥。在赣州人民帮助下，中共中央、中央军委机关及其直属部队和红一、三、五、八、九军团共 8.6 万人顺利渡过贡江，突破了国民党反动派第一道封锁线。

三、桥前涕零送红军

为亲人朋友编制一双草鞋是当时赣州人民最热情的送行方式。中央红军离开当天，很多赣州百姓背着编织好的草鞋赶到贡江上的浮桥边，将草鞋送给即将渡桥远行的红军战士们。在这众多编制好的草鞋中有一双与众不同的草鞋，它不是由稻草做成，而是用黄麻编织而成，做工非常细致，鞋尖上还绑着一对彩色红心绣球（图 3.5），这双草鞋还蕴藏着一段不同寻常的革命爱情故事。

1934 年 10 月，红一军团二师政委刘亚楼身边的警卫员谢志坚跟随红军部队战斗转移远征。出发当天，于都河畔里三层外三层围满了人，人们手里举着火把，有的为红军送鸡蛋、送花生，有的为红军送草鞋、送鞋垫，母送子、妻送郎，赣州人民送红军的热情场面一浪高一浪。谢志坚有个心爱的姑娘叫春秀，她听到红军转移的消息后连夜用黄麻编织了一双草鞋，马不停蹄来到于都河畔。她穿过送行的拥挤人群找到了谢志坚，见到谢志坚就死死地抱着他的胳膊，眼泪止不住地流，"别哭，红军会回来的……"，谢志坚安慰着说，春秀一边掉泪一边点头，一边把草鞋递给他。谢志坚带着这双特殊草鞋和

图 3.5　长征出发纪念馆中的草鞋

图 3.6　东津桥上集市风

春秀的深深情意告别了于都河,踏上了战斗征程。从此以后,在遥远的长征路上,这双草鞋就是谢志坚藏在心尖上的爱人,也是他每天闭上眼睛就能想起的故乡。

这一双双草鞋和一座座浮桥,成为红军与赣州人民最温暖的纽带。88 年后,当年的长征集结地早已旧貌换新颜。当年赣州人民为红军搭建浮桥的地方,已建起一座座现代化桥梁,结束了两岸人民摆渡的历史。渡口浮桥,连接着赣州的过往与今朝;贡江河畔,一座座崭新的城市正在崛起(图 3.6)。

结语:军民同心砥砺前行

江西赣州,于都河畔,中央红军长征出发纪念碑巍然矗立,纪念碑前广场铺设的大理石上,镌刻着中国工农红军的长征路线。时至今日,东津桥仍发挥着重要的交通功能。吃水不忘挖井人,一颗红心永向党。站在东津桥上远眺贡江,不禁想起长征时,赣州人民热心帮助红军搭建浮桥的故事。那一扇扇门板,一座座浮桥,无不在诉说着"赣州人民真好,苏区人民真亲"。

习近平总书记在纪念红军长征胜利 80 周年大会上的讲话中强调:"同人民风雨同舟、血脉相通、生死与共,是中国共产党和红军取得长征胜利的根本保证,也是我们战胜一切困难和风险的根本保证。"正是由于赣州人民和红军齐心在湍急的贡江上,冒着生命危险搭建浮桥渡过贡江,顺利开启了长征,才有了我们现在这和平盛世!实现中华民族伟大复兴需要伟大的力量,最伟大的力量是军民同心合力。军爱民,民拥军,军民鱼水一家亲,我们必将在新的历史征程上谱写新的时代华章。

参考文献

[1] 陈芳璐. 赣州古浮桥建造历史研究 [D]. 南宁：广西民族大学，2016.

[2] 《经济半小时》长征财经密码. 长征前的苏维埃经济 [Z/OL]. 2016-10-20[2022-02-03]. http：//tv.cctv.com/2016/10/20/VIDEItYbCdpu90L8B9PxeXdY161020.shtml?spm=C22284.Pr90CcbXRymj.0.0.

[3] 平顺电视台. 聆听党史故事 传承革命精神：《赣南红色故事：一双绣球草鞋》[Z/OL]. 2021-06-17[2022-02-10]. https：//www.sohu.com/a/472515939_121106854.

[4] 王相坤. 深刻把握长征精神的丰富内涵 [N/OL]. 光明日报，2020-07-22（6）[2022-02-10]. https：//news.gmw.cn/2020-07/22/content_34015817.htm.

第4章
门板搭浮桥，赤水出奇兵
——长征路上的赤水河浮桥

1935年1月，长征路上的中央红军在毛泽东同志的正确指挥下，通过"四渡赤水"战役成功摆脱了国民党40万大军的围追堵截，踏上了北上抗日的征途。赤水河浮桥是红一方面军"一渡赤水"时，贵州土城古镇的老百姓用自家门板所搭建的一座临时浮桥，协助红军顺利过河。一艘一艘渡船相连，一块一块门板相拼，体现了军民鱼水情深。面对国民党的围追堵截，红军总能化险为夷，这是因为我军心里始终装有百姓，百姓也愿意帮助红军。"四渡赤水"战役是军事史上以少胜多、出奇制胜的经典战役。老百姓的红色门板不仅是中央红军"四渡赤水"的历史见证，也是党领导下人民军队与人民群众生死相依、患难与共、鱼水情谊的见证，更是革命老区群众爱党拥军铸就红色基因的体现。

一、土城古镇门板搭浮桥

贵州省习水县土城古镇位于赤水河中游的东岸，是依山沿河而建的狭长小镇，自古即为水陆交通要津。土城古镇的赤水河与其支流黄金河交汇处有一个土城渡口，正是红军四渡赤水的第一次横渡赤水河所在地（图4.1、图4.2）。

图4.1　土城渡口及浮桥

图 4.2　红军四渡赤水战役纪念碑

1935年1月，红军在土城青杠坡战斗失利，中央革命军事委员会在土城召开紧急会议，果断命令红军主动撤出战斗，立即从土城浑溪口、蔡家沱和赤水元厚西渡赤水河。情势危急，红军决定采用搭建浮桥的方式过河，而隆冬时节的赤水河河面宽敞，水流湍急，河水寒冷刺骨，在其上架设浮桥十分不易，所幸有百姓的全力协助。为了帮助红军顺利渡河，土城古镇的老百姓拿出自家木船、门板、绳索等材料，协助红军在浑溪口、蔡家沱以河中巨石为桥基，连夜架好浮桥，使得红军于1月29日上午顺利渡过赤水河。

浮桥通常是指在并列的船、筏、浮箱或绳索上面铺木板而造成的一种临时桥梁。与常规桥梁的结构形式有所不同，浮桥采用船或浮箱代替桥墩，采用浮箱的浮力支承桥梁自重及上部荷载。浮桥的结构形式有两种：一种是在船或浮箱上架梁，再铺桥面；另一种是舟梁合一的形式或船只首尾相连，成纵列式，或将舟体紧密排列成带式。为保持浮桥轴线位置不致偏移，在上、下游需设缆索锚碇。为与两岸接通，在两岸需设置过渡梁或跳板。为适应水位涨落，两岸还应设置升降码头或升降栈桥。浮桥可用于人行、公路、铁路。浮桥的构造并不复杂，架拆也方便，但维修费用高，平时可用于应急救灾或作为临时性交通设施，战时可用于保障军队迅速过江过河，为增加其机动性，常用轻金属制成自行式的制式舟桥。

中央红军"一渡赤水"之赤水河浮桥正是利用了浮桥便于快速建设的优势，且"桥墩"与"桥面板"分别由渡船和门板代替，便于就地取材。渡船的浮力支承桥梁上的荷载，门板为人群通过提供足够的作用面积。赤水河浮桥的建设体现了中央红军的建造技术与智慧。

二、浮桥见证军民鱼水情

1935年毛泽东果断做出决定：立即撤出战斗，西渡赤水，甩掉追敌，挺进川南，冲出敌军的包围圈，由此拉开了四渡赤水的战幕。

1935年1月，蒋介石下达"长江南岸围剿计划"，企图将中央红军压迫于川江南岸地区,"合剿而聚歼之"。参与"合剿"行动的国民党军队约 40 万人,而中央红军当时的兵力只有 3 万余人,力量对比极其悬殊。1 月 24 日,中央红军击溃进占贵州省遵义市习水县土城古镇的国民党黔军。不料,国民党军紧追而来,与红军在土城青杠坡展开激战。由于敌众我寡,红军部分阵地节节失守。此时,前有敌军重兵,后有赤水拦路,且面临敌人的兵力源源不断地增援,军情万分危急。为摆脱危局,遵义会议后,毛泽东果断提出放弃原定北渡长江计划,改从土城古镇渡过赤水河,冲出敌军的包围圈,由此拉开了四渡赤水的战幕。图 4.3 展示了红军一渡赤水的宏伟场面。

图 4.3 一渡赤水场景

赤水河土城段河面宽约 200m,流速较快,要想顺利渡过赤水河难度非常大,红军决定在赤水河上架设浮桥。1935 年 1 月 28 日下午,工兵连紧急到赤水河上下游收集船只和木板、绳索等架桥必备的材料。可若要搭浮桥,船可以租,木板在哪里才能找到那么多?于是红军开始挨家挨户借材料。

红军一路走来,纪律严明,秋毫无犯,不拿群众一针一线。他们借东西写借条,买东西给现钱,损坏东西要赔偿,每到一个地方还开仓分盐分粮给当地贫苦百姓,因而深得民心。当战士们到土城古镇百姓家借搭建浮桥的材料时,百姓们纷纷将自家的绳索、木头借给红军,甚至把自家的门板拆下来借给红军搭浮桥。总之是土城的老百姓把自己家门板一块一块地卸下来交给红军搭设了一座浮桥。蔡家沱船工郑明福双手捧着红军分发的食盐,激动得讲不出话来,毫不犹豫地把自己的船捐献给了红军(图 4.4)。

红军负责架桥的战士们首先要把从老百姓和盐贩手里收购的盐船固定在赤水河面上,随后再用竹竿和绳子把它们依次连接起来,然后,在上面铺上木板便可搭起渡河的浮桥。1935 年 1 月 28 日凌晨一时,在土城老百姓的帮助下红军在浑溪口上面架起一座轻便浮桥。一艘艘渔船,一扇扇门板,铺起了一座座军民之间的"连心桥",也成为红军从挫折走向胜利的"红运桥"。

第 4 章 门板搭浮桥，赤水出奇兵 —— 长征路上的赤水河浮桥

图 4.4 老船工郑明福帮助红军渡河与架浮桥

老百姓的帮助，解了红军的燃眉之急。渡河边上，门板堆积成山。用到哪家的门板，红军就在门板后面的插销处写上名字，一个门板给一个银圆，等红军全部渡过河后，再在对岸把绳子砍断，门板就顺着水流飘了回来，老百姓们看着名字去取回自家的门板后，又安装在自家门上。红军过河后，老乡们去打捞漂在河中的门板时，因分不清哪扇是哪家，便随便抬回来，修修补补就装上了，还亲切地称其为"红军门板"。土城古镇居民江帮友家的门板，有 9 个地方修补过，其中左边一扇还比右边一扇短约 15cm，门梁上还有断痕，人、马踩踏过的印记清晰可见。郑明福家 3 扇长短不一的门板，他不知修了多少次，越修越结实，越修越珍爱。2006 年，郑明福将自家这 3 扇门板，捐赠给了当时正在筹建的四渡赤水纪念馆。

在四渡赤水纪念馆的展柜里，陈列着郑明福家 3 扇年代久远的木质门板，两扇为正门门板，一扇为厨房门板，正门的两扇门板呈深褐色，有多处修补，且长短不一（图 4.5）。这些看似普通的门板，如今却是国家一级文物，也是四渡赤水纪念馆的"镇

图 4.5 纪念馆和村民家中的"红色门板"

馆之宝"。每一件革命文物，都是我们党光辉历史的见证；每一个革命故事，都诠释着一种精神、凝聚着一种力量。走近革命文物，回顾四渡赤水那段烽火岁月（图4.6）。这些"红色门板"，不仅是中央红军一渡赤水的历史见证，也是军民鱼水情的最佳诠释，更是革命老区群众爱党拥军铸就红色基因的体现。

图 4.6 四渡赤水纪念馆中的赤水河浮桥

三、红军四渡赤水出奇兵

红军"一渡赤水"之后，蒋介石命令各路大军纷纷向滇东杀奔而来。1935年2月15日，中央革命军事委员会发布《二渡赤水河的行动计划》及《告全体红色指战员书》，毛泽东在这份文告中解释了红军的战略意图：为了有把握地求得胜利，寻求有利的时机与地区去消灭敌人，拒绝冒险和没有把握的战斗。2月18日，中央革命军事委员会又发出《关于我军速渡赤水的指示》，要求红军"二渡赤水回师黔北"。红军忽进忽退，一再回旋，使国民党军摸不着企图，吃不准红军行动方向，这正是毛泽东所要达到目的的第一步。

红军虽取得了"二渡赤水"的胜利，但还是没有从根本上跳出国民党军队围追堵截的圈子，局势仍然十分严峻。毛泽东洞察了蒋介石的图谋，于是将计就计，故意在遵义地区徘徊，引诱中央军出动，目的在于粉碎敌人新的围攻，以扭转整个局势。3月15日，战斗展开以后，敌我争夺十分激烈，战局呈胶着状态。毛泽东沉着果断，立即决定退出战斗，直接攻向茅台镇，准备从茅台三渡赤水，折返贵州。3月16日，红军几乎一枪未发就拿下了茅台镇，在这里毛泽东和红军官兵品尝了茅台酒的芳香，随即在茅台附近的渡口"三渡赤水"，西进川南。

国民党军再次扑向川南。毛泽东决定乘敌人新的合围将成未成之际，再杀一个回马枪。红军以一个团伪装成主力继续诱敌西进，而真正的主力却于3月22日，以隐蔽、迅速的动作，从各路敌人间隙中穿过，四渡赤水。红军突然东渡赤水河，使蒋介石误以为红军又要攻占遵义，于是疾飞贵阳督战。不料红军却是虚晃一枪，继而迅速挺进云南，威逼昆明，最终巧渡金沙江，大踏步挥师向四川挺进。至此，中央红军成功摆脱了数十万敌军的围追堵截，粉碎了蒋介石"围歼"红军于川、黔、滇边境计划，取得了战略转移中具有决定意义的胜利。

四渡赤水战役是遵义会议之后，中央红军在长征途中进行的历时3个多月的一次决定性运动战。在毛泽东等人的指挥下，采取机动的运动战方针，纵横驰骋于川黔滇边境广大地区，从而使红军牢牢地掌握战场的主动权，取得了红军长征史上以少胜多，变被动为主动的光辉战绩。四渡赤水战役也是世界战争史上以弱胜强、变被动为主动的运动战典范。

结语：红色门板传赤水精神

在今天的习水县土城古镇，我们仍能比较容易地觅到红军当年的"行踪影迹"。很多房子上挂着红军驻地的牌子，一些老百姓仍在使用红军搭浮桥用过的红色门板。如朱德总司令居住的曾家糟房，至今用的仍然是当年架桥用的旧门板，参差不齐的两扇门上的弹孔清晰可见，仿佛讲述着当年的故事。土城古镇的曾家一直不换新门板，就是为表达对红军深切的怀念，传承先烈们坚定无畏的长征精神。

如今，中华大地上一个个生动故事持续讲述，一个个红色景区日臻完善，一个个美丽乡村相继崛起，一个个基层组织坚强有力。中华儿女正继承革命先烈的坚定信念，从长征精神中汲取奋进力量，在新时代的征途上，克难攻坚，续写新的传奇。

参考文献

[1] 本刊编辑部. 拆门板搭浮桥助刘邓大军过沙河[J]. 时代报告，2017（27）：48-53.

[2] 人民网. 红军门板 鱼水情深（红色宝藏）[Z/OL]. 2021-06-25[2022-04-20]. http：//yn.people.com.cn/n2/2021/0625/c372453-34793889.html.

[3] 央视网. 鱼水情深！老百姓拆门板给红军搭浮桥渡河[Z/OL]. 2021-09-19[2022-04-23]. https：//mil.news.sina.com.cn/history/2021-09-19/doc-iktzqtyt6953660.shtml.

[4] 赵迎昭. "长征第一渡"诉说军民鱼水情[N/OL]. 重庆日报，2019-06-14（9）[2022-04-23]. https：//epaper.cqrb.cn/cqrb/2019-06-14/009/content_234435.htm.

第5章
西北咽喉，百年铁桥
——兰州中山桥

> 兰州黄河铁桥为一座钢桁架桥，是兰州历史悠久的桥梁，也是万里黄河上第一座真正意义上的桥梁。为纪念孙中山先生，黄河铁桥改名为"中山桥"，并沿用至今。抗日战争爆发后，兰州成为抗战大后方，中山桥成为抗战物资输送的西北交通枢纽、国际援华军事物资的中转站，承载通往抗战一线的物资车辆安全驶过的使命。同时，中山桥又是我党我军与苏联交流沟通的纽带。解放战争期间，人民解放军通过中山桥向敌军发起总攻，终于将红旗插上了白塔山顶，宣告了兰州的解放。中山桥见证了这段光辉历史。

一、银龙跃河中山桥

黄河兰州段俗称金城河，流经白塔山下的一段，水流最深处达20多米。清同治年间，陕甘总督左宗棠驻兰州、治理甘肃，他注意到兰州城大河相隔，水流湍急，漩涡很多，黄河两岸老百姓十分不便，往来其间主要靠羊皮筏子，特别危险，百姓苦不堪言，这是民生的一大难题，曾欲修桥联通两岸，未能如愿。

清光绪三十四年（公元1908年）4月10日，黄河铁桥工程正式开工。清政府动用国库白银30万6000余两，由德商泰来洋行喀佑斯承建，美国人满宝本、德国人德罗任技术指导，建起了黄河第一座铁桥，初名"兰州黄河铁桥"，桥梁设计荷载为8t，仅供马车通行。清宣统元年（公元1909年）8月19日，铁桥正式竣工投入使用（图5.1、图5.2）。

兰州黄河铁桥，是5464km黄河上第一座真正意义上的桥梁，因而有"天下黄河第一桥"之称。该桥是一座钢桁架桥，上部结构为梯形穿式钢桁架，每一跨都是超静定桁架结构体系，由竖向钢架划分成5个长方形；桥身为5座弧形钢架拱梁，每孔45.9m，总长233.5m，桥面为铁板，总宽8.36m，同时桥内两边各设宽1m的人行道；桥梁下部结构由2座桥台、4个桥墩组成（图5.3）。

第 5 章 西北咽喉，百年铁桥——兰州中山桥

图 5.1 拟建的黄河铁桥效果图

图 5.2 1909 年初建成的黄河铁桥

图 5.3 黄河铁桥桥貌

关于铁桥的基础，《兰州古今注》记载："桥下设四墩，下用水泥铁柱，上用石块，河南第一墩最深，墩底至水面一丈七尺。"《甘肃劝业道报告书·铁桥图说》载："（铁桥）于光绪三十四年二月动土，至宣统元年六月一律告竣，计桥长七十丈，宽二丈二尺四寸，架桥四墩，中竖铁柱，外以塞门德土参合石子石条成之。"根据以上记载，可以推测出桥

图 5.4 浇筑桥墩的沉箱

台、桥墩的基础建在石层上，深度在当时水面下 6m 左右，用开口式沉箱灌混凝土而成（图 5.4）。

从白塔山俯视黄河铁桥，其形如跃河巨龙，"身躯"弯曲于黄河之上。该桥遵从现代建筑的几个基本的理念和原则。首先是"少就是多"的理念，这是现代建筑与古典建筑的一大分水线，也是现代桥梁这一功能性建筑最显著的美学特征之一。黄河铁桥由于在一个特定的历史条件下建造，紧张的经济条件使得其设计简洁明了，没有多余冗杂的装饰，这恰好也是现代建筑美学的关键所在。其次是个性化原则，黄河铁桥是封建社会

末期新材料、新结构、新工艺的全面展示，铁桥严格以结构力学、流体力学为基准，设计桥墩开间比例及其与桁架的构成，即使是后来的加固，亦是按照力学要求，恰如其分地增加拱桁架，所以，其造型比例是内在科学的外在表现形式，具有较高的艺术表现力、感染力和审美价值（图5.5）。

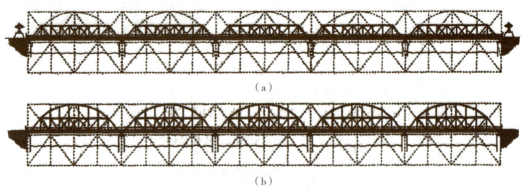

图 5.5　黄河铁桥立面几何构成比例分析图
（a）初建时；（b）加建后

1911年10月，长江之滨的武昌发生了一件惊天动地的大事——辛亥革命。民族英雄孙中山先生领导辛亥革命，开创了完全意义上的近代民族民主革命，推翻了统治中国几千年的君主专制制度，建立起共和政体，结束君主专制制度，传播了民主共和理念，极大推动了中华民族思想解放，以巨大的震撼力和影响力推动了中国社会变革。1925年3月12日，孙中山因癌症在北京逝世，为纪念国父孙中山先生，全国各地掀起了修改地名以纪念中山先生的活动，兰州的黄河铁桥也是在此期间更名。当时，由甘肃省主席刘郁芬手书的"中山桥"匾额悬挂于铁桥南面的牌厦之上，"黄河第一铁桥"从此改名为"中山桥"，并沿用至今。

二、铁桥英勇护西北

1937年7月7日，日本侵略军向卢沟桥发动进攻，中国军队奋起抵抗，抗日战争全面爆发。彼时的中国国力衰弱，装备质量远不及敌军，苏联政府除派遣空军等军事武装支援中国的抗日战争外，还采取低息贷款的形式从经济上帮助中国抗日，中国政府利用这些贷款从苏联购买了大量军用物资供应抗日前线。据统计，从1937年到1941年的5年间，中国向苏联购飞机997架，坦克82辆，火炮1000余门，机枪5万余挺，汽车1000余辆。当时，我国沿河各地相继沦陷，海路运输先后中断，这些来自苏联的援华物资改由西北陆运。西北成了抗日战争的大后方，兰州成为西北地区的交通运输中心，

图 5.6 中山桥上的运输驼队

中山桥成为国际贸易和军事物资进出口的必经之地。

《甘肃公路交通史》记载:"抗日战争期间各种驿运工具共完成货运量总计为 362191 吨。"仅 1940 年甘肃省就组织胶轮大车 788 辆,铁轮大车 1078 辆,骆驼 18919 峰,驮骡马驴共计 13373 匹,参加对苏贸易和民间物资的运输(图 5.6)。络绎不绝的驿运大军,装载着抗战和国际贸易以及省内民用物资,行驶在西兰、甘新等省际干线和省内公路、大车道上达 10 年之久,其规模之大,时间之长前所未有,对抗日战争作出的巨大历史贡献将永载史册,而作为这条大道上的唯一一座桥梁,中山桥这座原为车马通行设计的铁桥则是保障西北大道活力的关键所在,浩浩荡荡的驼队与车队将希望送入前线,悦耳的驼铃与轰鸣的汽笛在这座桥上奏出了一曲又一曲悲壮的抗日交响曲。

与此同时,兰州在成为抗战大后方、西北交通枢纽、国际援华军事物资中转站的同时,也是中国空军部队的训练中心之一。为此,从 1937 年 11 月至 1943 年 6 月,日本侵略军对第二"陪都"兰州进行了长达 6 年的疯狂轰炸,中山桥就是他们轰炸的重要目标,试图切断西北抗日补给线(图 5.7)。兰州大学原历史系教授安守仁是当年日军轰炸兰州的亲历者,他回忆道:"当时我只有十几岁,1939 年前后的这段时间,日军多次轰炸兰州,把中山桥当作重点目标,因为当时苏联援助我们的大炮和弹药要通过铁桥运到

图 5.7 日军轰炸兰州图

抗日前线，日军轰炸铁桥投弹很多，但无一命中，炸弹都投在了铁桥附近。"安老仍清楚地记得，在铁桥南岸，东西两面都布满了弹坑，他和小伙伴还跑到弹坑前看。"南面的坑很大，有六七米深，坑里积满了雨水，弹片破坏了铁桥很多处。"安守仁说。

三、中苏交流友谊桥

作为西北重要的交通枢纽，兰州是抗战期间的国际交通要道，也是中苏两国战时联系的主要通道。兰州离中苏军境较近，在八路军驻兰州办事处的组织下，我国的许多要人都取道兰州前往苏联进行要务洽谈，其间往返都要经过中山桥。

战争爆发后，苏联旗帜鲜明地声援中国抗战。1937年7月14日，中国大使蒋廷黻前往苏联，与苏联外长李维诺夫会晤，苏联表示愿意援华，国民政府开始加强对苏关系。8月21日，苏联派代表前往南京，两国代表签订了《互不侵犯条约》。签约后，我方派军委会参谋次长杨杰、中央执行委员张冲，以"实业考察团"名义赴莫斯科谈判苏联对华军事援助问题；1938年2月，又派孙科为特使赴苏，请求苏联援华。斯大林明确表态，"苏联愿始终相助"。2月7日，中苏签订《军事航空协定》。1939年6月16日，中苏又签订了通商条约，发展两国的商务关系。

1939年7月，周恩来在前往中央党校作报告途中，骑马摔伤右臂，当时国内医疗条件不好，周总理的伤势日益严重，于是中共中央决定送周恩来到苏联治疗。周总理于8月27日离开延安，乘坐专机前往兰州，随后通过中山桥，来到新疆迪化（乌鲁木齐）休整一周左右，后乘苏联专机赴苏。苏联政府将周恩来安排到克里姆林宫医院进行治疗，经过几个月的疗养，周总理的病情逐步好转。次年3月，周恩来等人乘火车从莫斯科到阿拉木图，然后乘苏联专机经乌鲁木齐到兰州，通过中山桥在设于兰州的八路军办事处（图5.8）休整数日，3月25日回到延安。

兰州黄河上的这座为抗日战争建立了不朽功勋的铁桥，维系着中国共产党的高级领导人往返于延安和苏联之间，架起了中苏联系的"桥梁"。

图5.8 八路军驻兰州办事处纪念馆

四、解放西北再立功

1949年上半年，在人民解放战争取得根本性胜利的大好形势下，中国人民解放军第1野战军在彭德怀司令员的指挥下，把解放西北的战役推到了战略决战阶段。1949年7月扶眉战役之后，第1野战军即开始千里追击敌军,解放大军直指兰州,拉开了解放兰州的序幕(图 5.9)。

第 1 野战军参战的各部队先后对兰州南山各阵地发起了猛烈的进攻。25 日晚,部队发现敌人有向北撤退的迹象。彭德怀司令员果断下令出击,卡断中山桥,我军战士迅速向铁桥逼近,与敌军展开激烈战

图 5.9 兰州战役解放军战士冲锋陷阵图

斗。守桥及守城敌军负隅顽抗,企图扼守他们的这条生命线。解放军集中所有机枪、冲锋枪,以猛烈的火力压制敌人,掩护突击队冲击,勇猛攻占西关外城,利用所占领的北城居高临下的特点,集中火力袭击守桥敌军。敌人不断涌向桥头,想打开一条退路,战斗愈加激烈,桥头上,敌军的尸首和死马越积越多,拥挤在桥上的敌人死的死,伤的伤,不少敌兵落水或泅渡黄河被淹死。两辆装载弹药的汽车,被打着起火,所载弹药爆炸,堵塞了交通。战斗进行到深夜,我军终于占领并巩固了桥头阵地,切断了敌军的退路,形成关门打狗的有利态势,攻城部队奋勇攻击,纷纷攻入城内,与敌军展开巷战(图 5.10)。

至次日凌晨,当发现死守白塔山的敌军还不断向南攻击时,解放军迅速通过中山桥向北发起攻击,歼灭守敌。11 时,我军增派兵力跨越中山桥,击溃残敌,占领了白塔山,终于将红旗插上了白塔山顶,结束了战斗,宣告了兰州的解放(图 5.11)。

图 5.10 解放军攻占中山桥

图 5.11 解放军攻入兰州城

兰州解放后,中山桥在兰州战役中受到损伤,黄河两岸交通断绝,兰州军事管制委员会立即号召并组织公路部门的干部、工人和广大人民群众抢修公路和桥梁,以恢复交通,保证人民解放军迅速西进,解放甘肃河西地区和宁夏、青海、新疆等省区。经过人民解放军和兰州市工程技术人员、工人 10 天 10 夜的奋力抢修(图 5.12),至 9 月 6 日,主桥抢修完工,人民解放军的坦克、炮车顺利通过中山桥,继续西进。

此后,人民解放军继续西进所需的大量武器装备和各种后勤补给,通过中山桥源源

图 5.12　军民共同抢修中山桥

不断地送到解放军手中,一批批伤员也通过中山桥,在兰州医院得到及时的救治。

结语：精神不朽续豪情

中山桥是我国军民抗击日寇的重要战线。在这座桥上,一批又一批的驼队和汽车,将无数军粮、武器、弹药源源不断地输送到抗战前线,送到抗日战士的手中,给英勇顽强的中国军民提供了坚强的后勤保障,直至抗战的胜利!它曾肩负着沉重的交通负担,但如今仍然巍巍屹立在黄河之上,似乎在用自己挺拔的身姿向世人讲述自己的那段英雄故事,传承战士们当年一往无前、百折不挠的不屈精神!

中山桥是中苏友谊之桥。一趟趟地运送中国共产党的要人往返于苏联、延安之间,架起了中苏联系的"桥梁"。彼时彼刻,刻在中国人民骨子里艰苦奋斗、奋发图强的民族精神在中山桥上熠熠闪光!

中山桥为解放战争作出贡献。在解放战争中,中山桥阻断敌军退路,加速了兰州的解放。同时,为人民解放军日夜输送继续西进所需的大量武器装备和各种后勤补养,为解放西北作出了重大贡献!"横眉冷对千夫指,俯首甘为孺子牛。"中山桥抗住了敌人的声声炮击,纵使千疮百孔也毅然挺立,同时也俯着身子忍受痛苦,为了战争的胜利坚守到最后一刻,万众一心、血战到底的英雄气概在中山桥这里有了新的诠释!

参考文献

[1] 刘起. 作为工业遗产的兰州黄河铁桥建筑研究 [D]. 西安：西安建筑科技大学,2008.

[2] 大西北网. 中山桥—抗日战争中的功臣 [Z/OL]. 2014-01-28[2022-02-20]. http：//www.dxbei.com/x/20140127/111176.html.

[3] 行走兰州. 黄河第一桥,中山桥,曾经为抗日战争做出卓越贡献 [Z/OL]. 2019-07-05 [2022-02-23].

第6章

我国悬索桥的摇篮，湘西红色革命的见证
——湘西能滩吊桥

能滩吊桥坐落于川湘公路319国道湘西自治州泸溪县洗溪镇能滩村，地处湘鄂黔渝四省市交界处，素有湘西"南大门"之称。能滩吊桥不仅具有极高的交通功能价值，而且在中国的抗日战争和解放战争时期都发挥着重要的军事作用。桥梁经历日军飞机的多次轰炸依然屹立不倒，护送刘邓大军挺进西南，见证湘西剿匪的胜利。80多年的岁月抹去了桥梁的色彩，许多人和事在历史的年轮中逐渐远去，但红色基因犹存，我们应以祖辈为骄傲，担当起红色革命遗址的守护者和红色文化的传承者。

一、湘西能滩吊桥

能滩吊桥跨越泸溪县能滩河，两岸河谷陡峻，水深达20m。桥梁四面环山，地势险要，周边沟壑纵横，为兵家必争要塞，与铁山河白沙渡口和矮寨盘山公路并称川湘公路上的三大天险。1937年，川湘公路建成后，能滩河仅以临时木便桥通车，一遇洪水即被冲毁而中断交通。因此时任湖南省公路局局长周凤九决定建设一座吊桥（悬索桥）。该桥单孔跨径80m，索塔高20m，桥面宽4.5m，设计载重10t（图6.1）。桥台由石砌而成，桥塔高9m，为空心圆柱式铸钢结构。桥梁吊索为链条式，由65节铸钢眼杆构成；主缆全长82.08m，横向间距5m；锚锭以槽钢构成框架，用混凝土埋置于两岸石壁锚洞之中。吊索每边32根，桥面每侧以4根钢圆条作为风缆将桥面拉紧，以防水平摆动。能滩吊桥是我国公路悬索桥的摇篮，具有极高的建筑价值。

该桥为中国当时第一座大跨径悬索桥，建桥既缺乏经验，又缺乏钢材。周凤九先生亲自主持建设，由工程师周立夫设计，欧阳缄负责施工，并于1938年5月建成通车，耗银洋69000元。为了不用进口钢材，由湖南机械厂收集汽车废钢，自行用电炉炼钢，铸造桥塔和吊索的链条眼杆。由于整个链条重达20多吨，缺乏吊装设备，在高空搭设便桥，将眼杆在便桥上逐节拼装，才成功完成建设。

图 6.1 湘西能滩吊桥现存照片

历经风雨剥蚀，桥体上遒劲的字迹，依然清晰可见。上千百多吨的钢铁桥悬挂在两壁山谷间，两壁洞穴中伸出四条铁索与桥梁连为一体，环环相扣，吊桥的两边平行以桥轨为支撑，连起上万块犬牙交错的钢板桥体，钢轨上铺厚实的木板，供过往行人和车辆摇摇晃晃通行（图6.2）。桥的两侧虽有弧形护栏，但过往时仍胆战心惊，稍有不慎，便

图 6.2 湘西能滩吊桥细部照片

| 第 6 章 | 我国悬索桥的摇篮，湘西红色革命的见证——湘西能滩吊桥

会坠下万丈深渊，由此可见当时建造的工程难度。当地百姓编了一首诗这样形容桥："两龙卧湖海，四柱立招牌，两龙四只眼，久闭总不开"。紧闭的四只眼睛指的是吊索的四个涵洞，四柱间立的招牌铸刻着修桥的艰辛过程。

1970年，新的能滩大桥（拱桥）建成，旧桥停止使用，作为文化遗产保存（图6.3、图6.4）。在桥头现还有一烈士陵墓，当年这位战士站在桥头守卫吊桥的时候不幸被敌人击中，如今与吊桥一起被记入历史，默默地躺在那里。吊桥作为湖南省省级文物保护单位，每年都要上漆维护，依旧绽放光彩。

图 6.3 湖南省省级文物保护单位—湘西能滩吊桥

图 6.4 新能滩大桥与旧能滩吊桥照片

二、日军飞机找不到的隐身桥

能滩吊桥曾是连接抗战陪都——重庆的关键通道，日本侵略者为了截断这条连接大后方与抗日前线的重要补给线，曾多次出动飞机轰炸吊桥。其中一次是 1940 年 9 月，日机轰炸泸溪县城，9 架"九七式舰载攻击机"从湖北宜昌基地出发，到达能滩吊桥上空，盘旋几周后，开始轰炸，使县署及城西南民房尽成焦土，死 100 余人，伤者不计其数。由于地形隐蔽，空中不易寻觅，能滩吊桥在战火岁月里得以幸存。

为何日军飞机反复搜索，也未能找到能滩吊桥的位置？原来，村民得知日军轰炸信息后，在桥上面罩了很多茅草及树枝进行伪装，使其空中不易发现，因此日军使用飞机轰炸，都没有找到目标，却把距其 20km 外的地域炸成一片废墟。能滩吊桥免遭炮火，安然无恙，为接下来的解放战争、湘西剿匪立下了汗马功劳。

三、刘邓大军西南通道之能滩吊桥

刘伯承、邓小平率领的第 2 野战军挺进大西南。国民党残余部队和湘西土匪司令徐汉章，土匪头子杨云飞得知后，妄图在大军到之前，安放炸药，炸毁能滩吊桥，破坏大军西进。刘邓大军派遣的先头侦察小分队，跟守桥的自卫队队长杨元玑，副队长符隆前的守桥部队，并肩作战，誓死保卫能滩吊桥，与潜伏的敌特、凶残的土匪以及变节的叛军展开了一场惊心动魄的生死搏斗。这场战斗为后来的大部队开辟了通路。

1949 年 10 月，刘邓大军赶到能滩吊桥时，深夜寒风凛冽，桥面木块结冰打滑，车辆受阻，且桥梁无法承受重型军用装备重量，随时会遭到偷袭。村民得知大部队所遇的困难后，纷纷慷慨解囊，有力出力，有物捐物，拿出木板、稻草垫铺桥面，防止打滑；有推着板车运物资的，有帮忙搬运的，把物资抬过大桥。宁静的夜晚，男女老少积极行动，点灯烧火，烧水做饭，迎接亲人解放军（图 6.5）。旧县政府和地方民团主动投诚，

图 6.5 村民护送刘邓大军通行能滩吊桥

解放军在渡口和吊桥两处险要平安通过。能滩吊桥没有被破坏，使第 2 野战军团畅通无阻，刘伯承、邓小平对于长期守卫吊桥的县大队官兵表示赞赏。他们叮嘱地方领导说，守卫能滩吊桥的县大队官兵，应当作人民自卫队看待，很好地使用起来，不能歧视，政治上要关心他们，物质上要照顾他们。

结语：能滩吊桥见证湘西红色革命

时间是最好的见证，一座永生的桥，一直静谧地横卧在深山 80 多年。岁月抹去了诸多色彩，许多事和许多人都逐渐远去，但红色基因一直延续。湘西人民以这块土地为荣光，以祖辈为骄傲，担当起红色革命遗址的守护者和红色文化的传承者。当年的刘邓大军、解放军 47 军进入湘西剿匪都从此吊桥经过，因为有泸溪人不遗余力的帮助，才顺利到达了彼岸。

如今，村庄的老树繁盛、新花绽放，一切都显得祥和而平静。新的能滩大桥雄伟、多姿绚丽，一辆辆汽车从新桥上奔驶而过，宽阔、平坦、牢固，一直通向了更远的地方。在能滩吊桥的旁边，建成了吉首至茶洞高速公路矮寨特大悬索桥。带着"开路先锋"的荣耀克服了"路逢绝处"的迷惘，其中点燃矮寨特大悬索桥智慧之火的，怎么也少不了 84 岁高龄的能滩吊桥——中国公路史上第一座真正意义上的现代悬索桥。

参考文献

[1] 封面湘西. 能滩吊桥故事多 [Z/OL]. 2021–09–09[2022–03–20].

[2] 红网时刻. 散文 | 永生的能滩吊桥 [Z/OL]. 2021–07–29[2022–04–10].

[3] 百家号. 能滩铁索桥，人生路上的坐标 [Z/OL]. 2021–03–02[2022–04–10].

第 7 章
抗美援朝卫家园,英勇无畏护断桥
——鸭绿江断桥

说起抗美援朝战争,有一座桥梁不得不提,它就是鸭绿江断桥。抗美援朝初期,大桥作为志愿军部队和物资进入朝鲜的生命线,遭受到美军飞机的狂轰滥炸。为确保军队和援朝物资能够顺利过江,安东军民奋不顾身地投入大桥的保护和抢修工作中,为抗美援朝战争胜利作出了重要贡献。改革开放后,鸭绿江断桥经过整修后被命名为全国爱国主义教育示范基地。如今,断桥遗留有成千上万处弹痕,仿佛是一位屹立江中的不朽老人,讲述着抗美援朝战争的硝烟岁月以及中国人民志愿军的英雄事迹。

一、屹立于鸭绿江上的断桥

1905年,日本为了加快侵略中国东北的步伐,计划在鸭绿江上架设一座铁路桥。1909年8月,日本在朝鲜新义州一侧开始对大桥进行基础施工,次年6月在安东(今辽宁丹东)一侧开始进行施工,共耗时6年,于1915年建成(图7.1)。

建成后的桥梁为钢结构,上部钢梁为曲弦式。桥长944.2m,宽11m,中间铁路通道宽为5m,两侧人行道宽各为3m。桥共12孔,朝方一侧1至6孔,每孔为

图 7.1 如今的鸭绿江断桥

60.96m;中方一侧7至12孔,每孔为91.44m。桥墩采用当时世界先进的"沉箱"技术,墩身用钢筋水泥浇筑外砌花岗石。鸭绿江大桥所在区域地貌为河谷平原,地势略有起伏,两岸地面高程在2.98~6.98m之间。桥位附近鸭绿江水域宽约1.5km,最大水深约7~10m。由于当时鸭绿江水运发达,所以日本人在建桥时采用了"开闭梁"式设计,从中方数第

4孔为长93.7m的旋转式的开闭梁，开闭梁上方平台是旋转式的操纵室，下方平台是开闭梁旋转的机械舱。开闭梁以从朝方数9号圆形桥墩为轴，使用石油发动机为动力，通过齿轮轴上的9个直齿轮、锥齿轮啮合，驱动一个大直齿轮，使单联钢梁平行旋转，并可调整正反转（图7.2）。像鸭绿江大桥这样采用"开闭梁"式设计的桥梁，统称为开启桥。开启桥是指为通航需要，上部结构能以竖旋、平旋、提升等方式开合的桥梁。当河流上有船舶航行而固定式桥梁不能建造在通航净空以上时，就需要建造开启桥，以解决水陆交通。

图7.2　梁体旋转，帆船穿过大桥

援朝战争时期，该桥具有"交通大动脉"的战略地位，美方便千方百计对其进行破坏。美空军先后派出上百余架轰炸机对大桥狂轰滥炸，导致部分桥墩被炸塌，最终大桥于1950年11月14日被炸毁，失去通行功能成为废桥，中方所剩4孔残桥保留至今，被人们称为"鸭绿江断桥"。

二、将士过桥援朝卫国

1950年6月，朝鲜内战爆发后，美国打着"联合国军"的旗号，公然派兵入侵朝鲜干涉内政，并派第7舰队侵占我国领土台湾，企图把战争火焰引向中国。为应对朝鲜战争局势的发展变化，我国于1950年7月，开始往东北边境——安东等地调集部队和军用物资，以增强边境的防御能力。1950年10月5日，中共中央和毛泽东主席根据朝鲜战争形势和朝鲜政府的请求，做出了"抗美援朝，保家卫国"的伟大战略决策。10月8日，毛泽东以中国人民革命军事委员会主席的名义宣布组成中国人民志愿军入朝作战的命令，任命彭德怀同志为中国人民志愿军司令员兼政治委员。

10月19日，彭德怀司令员带领其军事秘书和警卫员乘坐一辆苏式吉普车，开往鸭绿江大桥，越过正在桥上急行军的第40军第120师第360团先头部队（图7.3），率先驶过大桥进入战火纷飞的朝鲜战场。作为志愿军统帅，彭德怀将军不顾个人安危，先于部队，率先入朝，直接投身于战火纷飞战场的壮举，受到了世界舆论的称赞。外国评论家称赞彭德怀："这位中国著名的将军，志愿军的统帅，就是从这里出征。世界上从来没有哪个国家的哪个军事指挥官，在大敌当前的时候，自己先于士兵深入变幻莫测的战场。彭德怀可谓志愿军入朝第一人。"

图 7.3 中国人民志愿军通过大桥　　　　　图 7.4 志愿军跨桥入朝作战

这是一次特殊的出征，没有呼啦啦的大旗作向导，没有嘹亮的歌声壮声威。部队采取了封锁消息、控制电报通信等一系列保密措施。但是后续志愿军部队过桥并不顺利，就在部队准备跨过大桥的时候，大桥遭到了美军飞机的炮火空袭，敌人想用这一手段封锁限制我军行动，切断我军后方的运输补给线。敌军除了安排飞机不定时对大桥投放照明弹并进行轰炸、扫射外，还在对岸布置了高炮阵地，山上设有观察哨，山后布置有远射程大口径的机动炮群，设有多个碉堡。这种情况下志愿军通过鸭绿江大桥过江，行动太过明显，很容易遭敌军攻击。于是，志愿军部队便于每日黄昏之后开始行动，沿鸭绿江江岸线坐船渡江。战士们顶着极寒，身着单裤，四周满是子弹、炮弹打起的巨浪，船在汹涌的巨浪中颠簸着向对岸靠近。终于，战士们冒着炮火，冲过了一个又一个巨浪到达了对岸。战士们飞身下船，迅速占领了敌人的阵地，为志愿军后续渡江部队取得了立足点（图 7.4）。

三、军民护桥保通行

中国人民志愿军赴朝参战后，各种物资、装备源源不断地通过鸭绿江上的大桥运往朝鲜前线。美军得知大量的中国军队和物资通过鸭绿江上的大桥进入朝鲜境内，感到战场形势逐渐危急。为了阻止志愿军的增援，美军企图摧毁鸭绿江上所有的桥梁和在北部地区所有支持志愿军前进的设施。

1950 年 11 月 8 日，美军 70 架 B-29 型轰炸机轮番轰炸朝鲜新义州市区，另有 9 架 B-29 型轰炸机飞入鸭绿江大桥上空，对大桥进行轮番轰炸和扫射，投掷大量重 1000 磅的炸弹，大桥被炸断，朝方一侧 8 孔桥梁落入江中（图 7.5）。

经过 5 个小时的奋力扑救，终于将桥上的大火扑灭。晚上 200 余名抢修队员和安东工务段部分职工，根据安东铁路分局领导研究的方案，开始进行大桥的抢修工作。工务段技术员为确保抢修工作的正常进行，把守在大桥两头，禁止外人随便上桥。抢修工作

图 7.5 桥被美军飞机炸断处

图 7.6 正在进行抢修的鸭绿江大桥

开展的第一件事就是清除路障,由于时间紧迫,抢修工人无法按部就班地撤出受损物资,就把炸废的钢轨、枕木及桥板尽力往江里扔(图7.6)。在抢修过程中时,由于桥面上只剩下少部分钢板没有受损,所以他们每挪一步都很艰难,一不小心,就有落江的危险。期间,美军飞机不断前来投放照明弹或用机枪对桥扫射,干扰大桥的抢修工作。

第2天凌晨,敌机又前来骚扰,桥头的预警部门立即拉响警报。听到警报后,工人们开始陆续撤离大桥进行隐蔽。此时,大桥的抢修工作已经完成了大半,我方桥头正聚集着大批志愿军部队和物资准备过江。分局领导看到这种情况,意识到耽误抢修工作可能会对我军产生不利因素。于是,立马召集大桥上未撤离的工人留下抢修。工人们分成3个小组,第1组在前头摆枕木、铺桥板,第2组中间打道钉,第3组在后面负责检查工作质量。就这样,3组队伍有序地前进,使得工作进度大幅加快(图7.7)。9日凌晨,大桥的抢修任务终于完成了,确保了我军和援朝物资能够顺利过江。同时,也为之后的大桥抢修工作积累了经验。

大桥及时修复通车后,安东分局保护大桥安全的任务却变得更加繁重。在之后的一段时间内,敌机几乎每天都会前来侦察、骚扰和轰炸。为了保护大桥,在市区公路部门的帮助下,安东分局的工人把沥青放置在大桥的两头,并按照风向轮流在桥两端点燃沥青。每当太阳

图 7.7 安东工人们冒死抢修鸭绿江大桥

快要升起时，沥青燃烧产生的滚滚浓烟便笼罩在大桥上空，使得敌机无法确定目标。同时，敌机因为担心我军炮火的攻击，只得匆忙返回。安东分局使用这种方法，对大桥起到了很好的保护作用，增加了志愿军的军运量。

11月14日，26架美军轰炸机又一次对大桥进行轰炸，大桥朝方一侧3座桥墩被炸塌，从此大桥失去通行功能成为废桥，被称为"断桥"。据统计，从1950年8月开始，之后的一年时间内，美军飞机空袭鸭绿江上的大桥共5391架次，我军防空部队作战219次，击落敌机22架，击伤敌机75架。正是有边防高炮部队的猛烈还击，铁路等单位职工和志愿军指战员奋不顾身地冒险抢修，才保证了部队和物资能够顺利过江，使大桥成为"打不断，炸不烂"的钢铁运输线，为抗美援朝战争胜利作出了重要的贡献。

四、爱国树桥以忆先辈

改革开放后，丹东市政协于1988年提出了开发丹东鸭绿江断桥的议案，该议案一经提出便得到丹东市委、市政府的重视以及社会各界有识之士的关注和支持。同年10月17日，丹东市人民政府将"断桥"列为市级文物保护单位，并立碑铭志。1994年6月28日，鸭绿江断桥的整修工程正式竣工，鸭绿江风景区作为丹东市旅游景区正式对外接待游客（图7.8）。2000年10月下旬，时任中共中央政治局委员、中央军委副主席、国务委员兼国防部部长迟浩田上将，在结束对朝鲜的友好访问回国路过丹东时，应中共丹东市委、市政府的请求为鸭绿江断桥题写桥名。2001年10月，鸭绿江断桥被中宣部命名为全国爱国主义教育示范基地，并且在鸭绿江断桥上举行了迟浩田上将为断桥题词暨全国爱国主义教育示范基地揭匾仪式。

2006年9月17日，为了纪念彭德怀元帅从鸭绿江断桥率军出征的经历，在断桥桥头建造了一尊高5m、宽12m的彭德怀司令员率领中国人民志愿军跨过鸭绿江的青铜雕塑（图7.9），该雕塑共塑造了26位志愿军将领和英雄模范人物形象，它象征着中国人

图7.8 鸭绿江断桥桥头遗址

图7.9 青铜群雕——"为了和平"

民志愿军首批过江入朝参战部队的 26 万大军；也是纪念为世界和平、为人民幸福，抗美援朝保家卫国，打败美国侵略者的中国人民志愿军的历史丰碑。

结语：抗美援朝的见证者

"雄赳赳，气昂昂，跨过鸭绿江；保和平，卫祖国，就是保家乡……" 71 年前，鸭绿江断桥见证了中国人民志愿军赴朝参战、取得了抗美援朝战争伟大胜利的历史，更目睹了中华民族反抗外来侵略、为自由而战的奋斗历程。百年风雨，鸭绿江断桥的生命价值已经在历史的洪流中完成了升华。它既是战争的牺牲品（朝方已毁），又是战争的胜利品（中方仍存）。抗美援朝战争胜利 60 多年来，在党的坚强领导下，中国发生了翻天覆地的历史巨变，中国特色社会主义进入了新时代。奋斗新时代、奋进新征程，我们要铭记抗美援朝战争的艰辛历程和伟大胜利，弘扬伟大抗美援朝精神，敢于斗争、善于斗争，知难而进、坚韧向前，把习近平新时代中国特色社会主义伟大事业不断推向前进。

在鸭绿江断桥保卫与抢修的过程中，中国军民展现出的不怕牺牲、英勇斗争精神，正激励中国人民和中华民族克服一切艰难险阻、战胜一切强大敌人。不怕牺牲、英勇斗争精神，是我们党自成立以来就具备的鲜明品格，也是中国共产党人精神谱系的鲜明特质。在庆祝中国共产党成立 100 周年大会上的重要讲话中，习近平主席概括提炼了伟大建党精神，深刻揭示了中国共产党精神之源的本质特征。其中，不怕牺牲、英勇斗争精神，是革命先驱们用生命和热血铸就的永不褪色的精神丰碑，是不断激励全党全军全国各族人民在新征程上勇往直前的强大精神动力。今天，我们比历史上任何时期都更接近、更有信心和能力实现中华民族伟大复兴的目标，更需要我们继承发扬不怕牺牲、英勇斗争精神，逢山开道、遇水架桥，鼓起迈进新征程、奋进新时代的精气神。

参考文献

[1] 黄凯，陈茂双，谢宝玲，郑靖，李彬 . 小型开启桥的机械传动系统创新设计 [J]. 企业技术开发，2016，35（09）：18+20.

[2] 徐建 . 某人行景观开启桥方案设计与创新 [J]. 城市道桥与防洪，2019（08）：63-65+12.

[3] 赵悦 . 回忆抗美援朝峥嵘岁月 [J]. 文史月刊，2020，（10）：29-36.

第 2 篇
炸不毁的桥，灭不了的魂

　　本篇主要讲述许多大桥在抵抗侵略战争中屡次被炸毁被修复，见证了许多感人故事，涌现出一大批英雄。"九一八"事变后，齐齐哈尔市嫩江铁路桥上打响了具有规模的武装抗日第一枪。1932 年 1 月 28 日，国民党军与日军在上海市虹口区八字桥上激战，相持月余，沿途断垣焦土烬物堆积如阜。抗日战争期间，日军飞机先后对湖南省怀化市芷江龙津风雨桥实施了二三十次轰炸，军民伤亡巨大，然而该桥却始终屹立不倒。1950 年，清川江大桥被败北南逃的美军炸毁，该桥成为抗美援朝的历史见证者。炸不毁的桥，传承红色文化；灭不了的魂，弘扬红色基因。

第 8 章
嫩江桥上打响武装抗日第一枪
——嫩江铁路桥

> 嫩江铁路桥,简称嫩江桥或江桥,位于齐齐哈尔市南的泰来县江桥蒙古族镇,嫩江桥是从南边进入齐齐哈尔市的重要交通要道。"九一八"事变后,日本侵略军迅速占领辽宁、吉林,继续向黑龙江进犯,并集结重兵,妄图占领黑龙江省当时的省会齐齐哈尔。时任代省长的马占山带领东北军在嫩江桥附近布防,并与气焰嚣张的日本侵略军进行了历时半月的大规模攻守战,史称嫩江桥抗战。嫩江桥抗战被称为中国武装力量有组织具规模的武装抗日第一枪,充分展示了中华民族勇赴国难、敢于牺牲、一往无前、百折不挠的抗战精神。

一、黑龙江门户嫩江桥

嫩江桥位于中国黑龙江省齐齐哈尔市以南的泰来县江桥蒙古族镇,是跨越嫩江的铁路桥梁,旧时叫哈尔戈江桥。嫩江桥是黑龙江之门户,是由南边进入齐齐哈尔市的唯一交通要道。1926 年,洮昂铁路建成通车,当时铁路跨越嫩江,只是修建了一座全长 767.3m 的木桥。木桥基础薄弱,木质桥梁结构不稳固,加之通车后屡遭嫩江水患,致使列车过桥只能缓慢运行。20 世纪 30 年代末,洮昂铁路由三间房延伸至黑龙江省省会齐齐哈尔,成为连接吉林、黑龙江两省的大通道,客货运量骤增。鉴于该桥特殊的地理位置,洮昂铁路局欲拆除木桥,在上游 22m 处新建钢梁桥,但该计划因日军悍然发动"九一八"事变而搁浅。

日军占领辽、吉两省后,欲进犯黑龙江省当时的省会齐齐哈尔。嫩江桥是黑龙江之门户,日军攻占齐齐哈尔,必须先夺取嫩江桥。为阻止日军过江,东北军驻黑龙江副司令公署参谋长谢珂命令守军炸毁嫩江桥,烧毁三孔桥面。

日军占领东北后,出于军事进攻、经济掠夺目的,在木桥下游 40m 处新建钢梁桥,新桥于 1933 年开工,1934 年竣工,全长 853.3m,共 28 孔,并在桥头修建砖混结构碉堡(图 8.1)。由于该桥冬期施工质量低劣,通车不久出现 19 号墩台下沉偏斜等问题,通过

图 8.1 抗战时期的嫩江桥

图 8.2 今日嫩江铁路桥雄姿

列车长期限速运行。

1945 年,抗日战争进入反攻的最后阶段,参加对日作战的苏联红军逼近齐齐哈尔,败退的日军将该桥第 18、22、23 三孔钢梁炸毁,后经苏军抢修临时通车。1948 年、1954 年春天,嫩江发生两次凌汛,主航道桥墩遭冰排撞击受损,后经铁路部门奋力抢修恢复通车。

中华人民共和国成立后,洮昂铁路更名平齐(四平至齐齐哈尔)铁路,日伪时期修建的嫩江桥更名为平齐线 504km 特大桥。

20 世纪 80 年代,铁路部投资 300 万元加固桥墩及更换桥面,保证了行车安全。1998 年 8 月,嫩江发生百年一遇的特大洪水,嫩江桥在洪水中严重受损,加之平齐铁路增建复线(双线),铁道部决定拆除此桥,在该桥下游 500m 处新建复线铁路桥。新桥于 1999 年 5 月开工,2001 年 11 月竣工,全长 990.3m,由 6 孔钢桁梁、18 孔圬工梁组成(图 8.2)。

二、江桥抗战首挫日军

1931 年,日本蓄意制造了震惊中外的"九一八"事变,悍然发动侵华战争,中国人民奋起抵抗,从而揭开了长达 14 年的抗日战争序幕。"九一八"事变后,日本侵略军迅速占领辽宁、吉林,继续向黑龙江省进犯。那时黑龙江省省会在齐齐哈尔,日军要占领齐市,必须经过洮昂铁路上的嫩江桥。嫩江是日军进攻齐齐哈尔的一道天然屏障,距齐齐哈尔市 80km。嫩江桥既是齐齐哈尔的南大门,也是从洮南北进克服水障的唯一通道。刚刚受任的黑龙江省代理省主席兼军事指挥马占山,以约 3 个旅的兵力布防于嫩江北岸,扼守嫩江桥。

1931 年 10 月,伪军张海鹏派徐景隆率 3 个团从白城子出发向嫩江桥进犯,日军飞机飞抵龙江上空助威。早晨,叛军进抵嫩江桥南端,在战斗轰炸机的支援下,与守军徐宝珍部发生激烈战斗，其3个团在守军的反击下伤亡惨重，一齐溃退，在嫩江桥以南地区与守军对峙。守军遂将嫩江桥破坏3孔，阻止日军再犯（图8.3）。

马占山就任黑龙江省代主席，发表宣言："与此国家多难之秋，三省已亡其二，稍有人心者，莫不卧薪尝胆，誓求危亡，虽我黑龙江一隅，尚称一片干净土……尔后凡侵入我省者，誓必死一战"。而后完

图8.3　1931年11月被中国守军炸断的嫩江桥

成了从嫩江桥到榆树屯和昂昂溪的以铁路为轴线，纵深约40km、宽约10km的3道防御阻击阵地布置。

关东军在张海鹏叛军失败之后即准备直接出兵，认为中国军队破坏嫩江桥是最好的借口，遂以洮昂路的修建有日本投资为理由来挑起事端，发动进攻。

但当时日本对苏联尚有所顾忌，因而不同意进攻。曾电令："为修嫩江桥，可以出动。但如向远离嫩江的北满出兵，无论有何项理由，非经我批准，都不许出兵。"但当从日本驻苏联大使广田弘毅口中得知苏联副外长加接罕已于10月29日向日本声明苏联对交战双方都不提供任何支持、采取"严格的不干涉政策"时，日本的态度才有所改变，转而支持进攻。日本向马占山发出通牒：马占山军必须自嫩江桥后撤至10km以外地区，在日军修桥完竣之前不得进入该地区；如不接受上述要求，则日军将使用武力。马占山决定对日军修桥不予干涉，但如进攻中国军队，则采取自卫措施。

但是，1931年11月4日，日嫩江支队先遣中队在飞机掩护下从嫩江桥车站北进，通过嫩江桥后向大兴车站以南的中国军队阵地进攻。是时马占山卫队团徐宝珍部、张竞渡部共2700人奋起迎击，将敌击退。下午，日军集中兵力4000余人，在飞机坦克和重炮掩护下向嫩江桥发动进攻。中国守军奋起还击。日军一度突入我军阵地，双方展开白刃战，日军不支遂撤向江岸，遭到预伏在芦苇中的中国军队截击。此时，日军援军在立足未稳之际又被守军骑兵夹击，被迫退回。战到20时，日军败退遗尸400余具。是日夜，日军连续炮击后乘船百只偷袭，待船近北岸时，潜伏在芦苇内的中国军队突然开火，日军死伤落水者众，余皆退回。此日中国军队伤亡300余人，日伪军伤亡1000余人。日军集中兵力，在飞机和炮兵的支援下连续进攻，均被守军击退。日军低飞投弹的飞行员大针新一郎中尉亦被击伤。

5日上午，日军集中全力再次发动进攻。日伪军8000余人在大炮和飞机掩护下，日军从中路、伪军从左右两路渡江。当船到江心时，中国军队猛烈还击，日伪军虽伤

图 8.4　嫩江桥战场上的中国士兵

亡很大仍挣扎强渡。10 时，日军占领江岸第 1 线阵地，守军分撤至左右两翼阵地，日军继而向第 2 道防线大兴阵地猛攻，遭到守军顽强抗击。中午，马占山赶到前线指挥吴德霖团和徐宝珍团从正面反攻，急调骑兵第 1 旅萨布力团从两翼包抄日军。日军被迫向后撤退，由进攻转为就地防御，其后方勤务分队大部被中国军队迂回的骑兵所歼灭（图 8.4）。

6 日晨，日军增援部队到达，在飞机轮番扫射、轰炸支援下发动猛攻，试图解救被围日军。中国军队拼命冲杀，白刃格斗杀声震天，几次夺回失去的阵地。此日中国军队伤亡 1850 余人，毙日伪军 2000 余人，击落飞机 1 架。由于士兵连战 3 天 2 夜，无援军替换，异常疲困；加之大兴阵地已被摧毁，马占山将军下令将主力撤至距大兴站 18km 的三间房第 2 道阵地，以骑兵第 1 旅与步兵第 1 旅重新组织防御。

7 日晨，大批日伪军在 10 架飞机掩护下，向三间房南汤池猛攻。马部张殿九旅和苏炳文旅 1 个混成团赶到反攻，战至午后将日伪军击退。此战中国军队伤 300 余人，毙伤日军 600 余人、伪军千余人。日军为掩盖自己失败的真相，散布苏联向黑龙江守军提供弹药的谣言，还以各种谎言遮掩日军损伤数目，唯恐日本国内反战势力占上风。马占山曾通电驳斥日军谣言。

三、修桥导致敌众我寡

1931 年 11 月 13 日，被炸坏的嫩江桥修复，为日军大规模进攻提供了有利条件。中午，关东军司令本庄繁第 3 次下达增援令："将第 2 师团剩余部队及混成第 39 旅团的步兵 3 个大队，及救护班派往大兴附近"，并令第 2 师团长多门中将一并指挥嫩江支队。日军大本营急增 3 个飞行队至黑龙江省，并把准备在大连登陆的第 4 混成旅团改在朝鲜釜山登陆，尽快进抵黑龙江。下午，日军步骑兵3000余人在炮兵配合下向汤池、乌诺头、新立屯发动猛攻。守军奋起抵抗，战至午夜12时，日军占领乌诺头。

由于粮食仓储地被日机炸毁，守军"不得饮食，疲饿过甚"。空腹苦战的中国守军面对数倍之敌毫无惧色，与敌拼死肉搏，喊杀之声惊天动地，三间房一带的战事更是彻夜未停。尽管中国守军同仇敌忾，个个"奋勇异常"。但连续鏖战，很多士兵几日未睡，粮食断绝，得不到任何增援。当时使用的弹药系黑龙江守军长期库存，很多因发霉而不能用。在侵略军源源不断地得到大量补充和增援的情况下，敌强我弱的局面日趋严重。加之阵地被毁，"实在无力支持"下去。18日下午，马占山将军不得不痛苦地下令撤出战斗。19日，日军5000余人侵占齐齐哈尔，嫩江桥之战结束。

面对强敌，黑龙江军民没有退缩。在前后半个月的时间里，在嫩江桥及其附近的大兴、三间房等地区，马占山指挥黑龙江爱国军民，与日军展开了一场场殊死拼杀。在装备落后、没有防空和反坦克武器的不利情况下，击退了敌人的一次次进攻。资料表明，嫩江桥抗战中，日本共损失兵力1000余人，不可一世的日军首次受到重挫！

1945年，毛泽东主席在《论联合政府》一文中说过："中国人民的抗日战争，是在曲折的道路上发展起来的。这个战争，还是在1931年就开始了。"马占山和他领导的爱国军民打响了"九一八"之后中国武装力量有组织具规模的抗战第一枪，在中国人民反侵略斗争史上留下了重要的一页。

结语：凡侵我中华者，誓必死一战

嫩江桥抗战被称为是中国军队有组织、有领导抗击日本帝国主义侵略者的第一枪，也被认为是世界反法西斯战争的第一枪。在那个强敌环视的时代背景下，我们国力衰弱、装备落后、没有增援、没有补给，敌我双方实力之悬殊可见一斑。但面对强敌，黑龙江的军民没有退缩，中华民族没有退缩，抗战英雄们利用嫩江桥的据点优势，以顽强的毅力、坚忍不拔的意志、视死如归的气魄，与日本侵略者展开殊死搏斗，用鲜血正告日本侵略者："凡侵我中华者，誓必死一战！"虽然东北三省最终失守，江桥抗战也以失败告终。但江桥抗战首次重挫不可一世的日本帝国主义，体现了中华民族宁死不屈的战斗精神，展现了中华男儿的血性。

如今，站在一望无垠的松嫩平原和扎龙湿地，战争的硝烟早已散去，江桥抗战的遗迹也几近湮灭，看到的只是一座被蒿草包围的斑驳"炮楼"，一截露土半尺、被铁栅栏围起的原嫩江桥木桩和一个游人稀少的江桥抗战纪念馆。但我们没有忘记那段风雨岁月，经历战争淬炼的中华民族，更加懂得和平的珍贵，更加懂得国家强大的重要性。

参考文献

[1] 人民网.抗战胜利70周年纪念大会 习近平发表重要讲话（全文）[Z/OL].2015-09-03[2022-04-09].http：//politics.people.com.cn/n/2015/0903/c1001-27543265.html.

[2] 邹大鹏，陈聪.江桥抗战遗址寻访[N].新华每日电讯，2022-09-16（010）.

[3] 郑学富.江桥抗战："九·一八"后抗日第一枪[J].文史春秋，2017（3）：31-33.

[4] 周彦，贺群珺.江桥抗战的地位、影响及其精神价值[J].理论观察，2019（02）：10-13.

第9章
遗忘的激战之地，淞沪血战八字桥
——上海虹口八字桥

> 八字桥位于上海市虹口区，作为沟通虹口和闸北的要隘，是"一·二八"淞沪抗战的激战之处。1932年1月28日夜，日本海军上海特别陆战队一部从上海四川北路西侧突然进攻八字桥区的中国守军，19路军156旅即刻还击，"一·二八"事变就此爆发。当年的战地记者写道："八字桥两军相持月余，几无一完整房屋，沿途断垣焦土烬物堆积如阜。"如今，八字桥硝烟早已褪去，但中国人民在抗战中孕育出的伟大抗战精神，向世界展示了视死如归、宁死不屈的民族气节，不畏强暴、血战到底的英雄气概。

一、虹口要隘八字桥

八字桥又名宝安桥，始建于民国初年，八字桥架设在上海虹口港的支流——横浜之上。八字桥东南10余米处的柳营港南，另有一桥架越俞泾浦之上，两桥成八字形，合称八字桥，分别为东八字桥和西八字桥，原桥均为木结构桥（图9.1），后改建为混凝土结构，八字桥长8.3m，宽9.5m，单孔，梁底标高4.25m，该桥为简支板桥。1932年间，八字桥为沟通虹口和闸北的要隘，桥的东面是虹口的日战区（图9.2），当时日军海军陆

图9.1 原木制八字桥

图9.2 八字桥侧面

战队司令部驻扎地就在桥东侧，桥的西边是闸北的华界，上海北火车站距离此处非常近，作为一个重要的战略要地，它见证了两次淞沪会战。

二、守桥抗战护淞沪

图9.3 八字桥之战

"九一八"事变后，日本为了转移国际视线，扩大侵华战争，迫使南京国民政府屈服，由日本关东军高级参谋板垣征四郎串通日本上海公使馆助理武官田中隆吉、女间谍川岛芳子，蓄谋在上海制造了"一·二八"事变。1932年1月28日夜11时30分，日军从四川北路西侧突然进攻八字桥区的中国守军（图9.3），日军曾多次企图通过八字桥包抄北火车站，一夜之间，日军曾向西侧我军阵地发动冲锋10余次，多次占领八字桥，但终为我19路军夺回。在激烈的战火中东八字桥被毁，仅剩的西八字桥也摇摇欲坠。记者在战地采访中曾写道："八字桥两军相持月余，几无一完整房屋，沿途断垣焦土烬物堆积如阜。""一·二八"事变就此爆发。

"一·二八"淞沪抗战激战一个半月，日军多次打算通过八字桥迂回攻击上海北站，八字桥阵地3失3得，但最终直到停战，日军都没能完全控制八字桥。淞沪会战中日军因遭到国民党的顽强抵抗而损失惨重，这场战役对于中国而言，标志两国之间不宣而战、全面战争的真正开始，卢沟桥事变后的地区性冲突，从华北开始升级为全面战争，并彻底粉碎了日本"3个月灭亡中国"计划，从而大涨了中国人的志气和中国的威风。

1932年"一·二八"事变爆发后，由于蔡廷锴、蒋光鼐等率领的英勇的19路军和上海人民的奋勇抵抗，日本侵略者遭到沉重打击，不得不与国民政府谈判，最后签订《淞沪停战协定》，从而停止了对上海的军事进攻。但该协定的签订，也使上海成为日本侵华的重要基地，从而增加了中国与日本之间随时会爆发战争的可能性。日本帝国主义侵占平津后，迅速壮大了胆子，接着又积极策划进攻上海，这次日军沿用它的故伎，挑起事端。先是在7月24日，上海日本海军陆战队忽称一名士兵失踪，制造紧张局势，不久，这名士兵被查获送还日本领事馆。这一阴谋没有得逞，日本又借机撤退上海日侨，作发动战争的准备。

说到抗日战争开始的标志，我们脑海里浮现的都是卢沟桥。的确，中国人民在卢沟桥上打响了全面抗战的第一枪，卢沟桥事变后一个月，中日两军在上海展开了第一次主力决战，而这次决战的爆发地点还是八字桥（图9.4），它的重要性完全不输卢沟桥。虽然"一·二八"抗战最终以中国让步而结束，但是这次血战也使国内外见识了中国军队的不俗实力。5年之后，在这里展开了一场更大规模的争夺战——淞沪会战。但在淞沪会战中，我军失利，日军彻底占领了除租界以外的

图9.4 虹口区历史遗址纪念地八字桥

所有淞沪地区。淞沪会战的失败，致使国民政府首都南京暴露在日军进攻中，直接造成了南京失守和南京大屠杀惨案的发生。在淞沪会战中，国军投入了几乎全部的精锐部队，面对日军海陆空三面的压倒性优势，各部伤亡惨重，葬送了一大批优秀的基层军官，但是这次战争，各方势力抛弃过去的深仇大恨，团结一致抗战，为后来的全民族抗战和持久抗战奠定了基础。

三、桥上孤军毙大佐

说起一·二八抗战，有位中国军人值得一提，他就是率部击毙日军将官的云应霖团长（图9.5）。云应霖（1896~1975年），今海南省文昌市头苑镇头苑村人。早年参加国民革命，参加过北伐战争，历任国民党连长、营长、上校团长，少将师长。1932年任国军78第1团团长及78师师长，参加过"一·二八"淞沪抗日战争和福建省人民政府反蒋运动。抗日战争时期，任抗日游击纵队少将司令。抗战胜利后，他先后参加了中国农工民主党和中国民主同盟，从事民主革命，为中国革命胜利作出了重要贡献。中华人民共和国成立后，历任广东省第一届人民代表大会代

图9.5 抗战时期的云应霖

表，政协广东省第一届委员会常务委员，广东省人民政府监察厅副厅长等职。

1932年3月1日，日军第9师团为了在3月3日国际联盟大会之前解决战局，同时策应前来增援的第11师团登陆，发起"一·二八"事变之中的第三次总攻。林大八大佐率领的步兵第7联队作为"左翼队中央联队"，于上午11时以坦克为先导，向江湾镇一带发起了突击，进攻方向在麦王宅、陆家宅一线。虽然日军在进攻方向上进行了猛烈的空袭和炮击，但是仍压不倒坚守阵地的中国军队，林大八率部攻向左翼队正面的中国军队，在八字桥边阵地时，受到中国军队坚决抵抗，11时25分，一发子弹将林大八的腹部击穿，

图 9.6　林大八大佐的尸体给抬上担架　　　　图 9.7　日军在"送别"已经毙命的林大八

成为日军在 14 年抗日战争里被中国军民击毙的第一个将官（图 9.6、图 9.7）。

击毙林大八大佐的就是云应霖团部，应霖自己在战斗之中也英勇负伤。率部获取 14 年抗日战争之中首次击毙日军将官这一战绩的云应霖团长，是"一·二八"淞沪抗战里中国军队负伤的 7 位团级以上军官之一。1937 年全面抗战开始之后，他到安徽抗日前线先后担任第 176 师参谋长、5 战区游击纵队司令。在敌后战场，他看到了新四军敌后游击的成功经验，开始努力与新四军团结抗日，并且坚决反对国民党顽固派搞"磨擦"的阴谋，并积极向我党靠拢，在抗日战争与解放战争中作出重大贡献。

结语：遗忘之桥永拓抗战精神

80 多年过去，八字桥硝烟早已褪去，曾经被鲜血染红的俞泾浦也早已恢复小河该有的颜色，除了一块小小的纪念牌，似乎一切和战争没有太大关系，但八字桥上发生过的激战，中国热血男儿在这里抛洒过的鲜血，值得后人永久纪念。

八字桥上的抗战是中国人民抗日战争的重要组成部分，向世界展示了天下兴亡、匹夫有责的爱国情怀，视死如归、宁死不屈的民族气节，不畏强暴、血战到底的英雄气概，百折不挠、坚忍不拔的必胜信念。伟大抗战精神是中国人民弥足珍贵的精神财富，将永远激励中国人民克服一切艰难险阻，实现民族伟大复兴梦想。

参考文献

[1] 史海泛舟. 侵华日军丧命之将"第一"考 [Z/OL]. 2013-07-09 [2022-02-20].

[2] 百家号. 八一三抗战在上海八字桥拉开帷幕，它在抗战史上地位不亚于卢沟桥 [Z/OL]. 2019-08-13[2022-03-10].

[3] 澎湃新闻. 抗战遗址 | 上海有座八字桥，淞沪血战第一枪 [Z/OL]. 2015-05-29 [2022-03-10]. https：//www.thepaper.cn/newsDetail_forward_1334648.

第 10 章
废旧铁轨筑英雄身，阻敌炸桥铸爱国魂
——广西柳州柳江铁桥

> 柳江铁桥位于湘桂铁路桂林至柳州段，是广西柳州市第一座跨江铁路大桥。旧桥结构形式为上承式钢桁梁，上部结构均为利用旧钢板梁和旧钢轨拼制成的跨度30m的双柱式梁，是利用废旧铁轨修建的一座英雄桥。柳江铁桥为抗日战争期间中南地区铁路运输发挥了重要作用。柳江铁桥见证了柳州人生活的变迁，见证了中华民族由羸弱到复兴的历史进程。

一、废旧铁轨筑柳江铁桥

柳江铁桥是应抗战需要而诞生的，是柳州第一座真正意义上的跨江大桥（图 10.1）。1937 年，全面抗日战争爆发，为了经营和保卫大后方，李宗仁、白崇禧决定召集民工修建湘桂铁路，构建连接我国西南与中南、华东和华南的重要铁路枢纽。1939 年铁路修到了广西来宾，因为豫湘桂战役失败，止步于来宾市红水河前。

柳江铁桥为湘桂铁路桂林至柳州段的关键工程。1939 年 12 月，湘桂铁路桂林至柳州通车时，修建木便桥先行通车。便桥位于柳州白露窑（即现桥址上游 3.5km 处），全长 529.17m，除主跨采用两孔钢梁和 3 个混凝土墩台外，有 18 孔 10m 木桁梁是从别处

图 10.1　柳江铁桥全景

拆来,其余均为短跨的木排架和桩基,木桩均打到岩层。桥上线路为平坡直线,行车限速为5km/h。同时在便桥下游(今桥址所在)修建半永久性单线钢轨桥,即第一代柳江铁桥。

第一代柳江铁桥的修建可谓一波三折,由于战争的影响,柳江铁桥经历了3次设计。其中,第3次设计变更是由桥梁专家、时任湘桂铁路桂南段工程局副局长兼副总工程师的罗英提出。当时,罗英手头只有一批从各路拆下的85磅旧钢轨和几十孔10~13m的钢梁,他根据情况,提出以手头材料拼建桥梁的设计方案。设计方案为半永久性单线钢轨桥,以钢轨塔架为桥墩,桥梁结构为上承式钢桁梁,桥长581.6m,共18孔,桥高19m,上部结构均为利用旧钢板梁和旧钢轨拼制成的跨度30m的双柱式梁,下部结构除两岸桥台外,其余全用旧钢轨拼装而成,计有钢轨塔墩5座,钢轨架墩12座,故称"钢轨桥"。全部钢结构计:双柱式梁18孔,钢轨塔5座,钢轨架12座,共用10~13m长的旧钢板梁54孔,42kg/m旧钢轨1.7万m,17.3kg/m旧钢轨4500m,6kg/m旧钢轨3800m,以及其他钢料共计总重1350t。墩台混凝土共用水泥1068t,钢筋72t。工程于1939年10月开工,翌年12月建成,1941年1月通车。大桥竣工后,曾用KD7型机车(150t)拖挂10多辆40t重车,逐步施压,后由该列车以40km/h速度往返多次,进行静、动载试验,未发现有不稳固现象。

由于豫湘桂战役战事不利,日军从湖南衡阳想一路打到广西桂林。沿线民众得知消息后,为了躲避战乱前往偏远地区避难,纷纷攀爬火车向后方撤离。此时湘桂铁路起到了重要作用,不仅帮助撤离出大量民众,还快速运输补给了大量军用物资,争取了宝贵的撤离时间,为抗战作出了突出贡献。可火车能带的人和货物毕竟有限,于是许多民众只能沿着湘桂铁路行走,中途遭到日军飞机的不断轰炸,一路上饿殍遍野,遍地焦土。此外,日军所过之处,烧杀抢劫无恶不作,留下了日军侵华战争期间犯下的累累罪证,其中,柳江铁桥就是那一段屈辱历史的见证之一。

二、阻敌炸桥铸爱国魂

1944年春夏,日军为打通从东北到南宁直至越南的"大陆交通线",展开"一号作战",发动了豫湘桂战役,当年8月,日军侵占衡阳,桂林告急。广西军事当局在白崇禧的主持下实行"焦土抗战",下令将桂林市所有的机关、工厂、学校及数十万居民全部撤离。在这次震惊全国的湘桂大撤退中,湘桂铁路又一次扮演了重要角色。

从湖南撤退下来的大批民众加上桂林本地民众总数高达近百万,他们有部分沿公路步行南下,也有部分选择乘火车沿桂柳段撤退。在南撤的列车上,所有的车厢上都挤满了逃难的人群。当时火车运行的速度很慢,正常速度也仅为10~20km/h,而整趟列车挤满了民众时便更慢。然而,即使是很慢的车速,也还是有不幸的民众从车上掉下来摔死或摔伤,造成人间的悲剧。

在日方侵略军迫近柳州时,为防止柳江铁桥落入日本人手中,在完成湘桂大撤退的任务后,1944年11月7日晚,湘桂铁路管理局奉命将柳江铁桥这座半永久性桥炸毁,并对铁路沿线设施进行彻底破坏(图10.2),当时共计有65座大中桥梁,29个车站,4571根钢轨,257组道岔,348辆车厢,以及部分机

图10.2 1944年11月7日被炸毁的柳江铁桥以及柳州河北半岛的房屋

车都被主动破坏,不留给敌人使用。因此,在日军占领湘桂铁路沿线期间,敌人无法利用这条铁路运送一兵一卒、一粮一弹。

三、军民同心助大桥重生

柳江铁桥的重生同样曲折。1945年抗战胜利后,国民党当局打算重修被炸毁的柳江铁桥。1946年,湘桂黔铁路工程局成立柳江桥工所,计划在原桥址改建为12孔,跨度为48.285m华伦式下承钢桁梁桥,桥长591.1m,主要工程包括空心式混凝土桥墩11座,T形混凝土桥台2座,12孔穿式钢桁梁。新柳江铁桥的建设自1946年12月开工,无奈财政吃紧,有限的经费需优先用于军事,使得大桥建设推进艰难,建造缓慢,至1949年柳州解放时,柳江铁桥基础尚未完全建好,仅建成北岸1个桥台及1~6号和11号7个桥墩,尚有4个墩未施工,留有4个墩台的墩身和2个墩的锥体护坡,河中原桥残件也未打捞完。

1949年11月25日柳州解放,中国共产党领导下成立的衡阳铁路管理局决定按原设计方案抢修柳江大桥,由中国人民解放军铁道兵第3团、衡阳铁路管理局柳州桥梁队、第2桥梁队共同施工。1950年2月12日,柳江铁桥再次开工,铁道兵和桥梁施工队分工协作,附近居民也踊跃支持,每天提壶给修桥子弟兵送水送饭,并亲切地称呼建桥工人与军人为"最可爱的人"。军工民相亲相爱似一家,大家干得热火朝天,工程进度非常快。受限于当时技术及经济实力,建桥过程中,工程队遇到了数不清的困难,但他们硬是凭借着顽强的毅力和出色的智慧解决了这些问题。其中最主要的困难是钢梁架设,原拟采用脚手架法及分析浮运起吊法安装。但柳江水位涨落无常,河床上布满障碍物,桥墩又很高,并不适合脚手架法及分析浮运起吊法安装法。工程队采纳苏联专家建议,用3孔连接拖拉法架设。12孔钢梁原拟分4组架设。但因设计要求,利用其他孔上弦及纵梁,

作为孔间临时连接杆件。故将其中 1 个组 3 孔再分为两组，共计 5 组。柳江铁桥采用多孔连接拖拉法架设钢梁，这在我国尚属首创，为多孔大跨度钢桁梁架设积累了经验。在工程队军民的不懈努力下，柳江铁桥的修建仅用半年时间，便于 1950 年 8 月 30 日正式通车，比预期提前 4 个月。

图 10.3　重生的柳江铁桥

重生的柳江铁桥全长 616.2m，上部为 12 孔 48.285m 华伦式下承钢桁梁，下部为钢筋混凝土墩台（图 10.3）。

结语：铁桥精神传希望火种

柳江铁桥的建设可谓艰难，这座以抵御外敌入侵为初心而设计的桥，为了它不被日本侵略者所用而炸毁，主动炸桥阻碍了日军的侵略，最终赶跑了日本侵略者，建立了一个崭新的中华人民共和国。为了民生，为了经济，为了方便，在中国共产党的领导下，军人工人分工协作，又给予这座英雄桥以新的生命。人民子弟兵和工人们为了能赶紧将这座桥高质高量地建好，克服了环境条件上的重重困难，克服了技术上的重重难题，最终提前四个月完工，充分展现了我党领导和军民团结的力量。

柳江铁桥建造运营至今已有 80 多年历史，虽然其已经退出铁路运输的舞台，但其仍然作为人行便桥服务着柳州人民，成为城市的文化符号。自带红色基因的柳江铁桥，见证了柳州人生活的变迁，见证了中华民族由羸弱到复兴的历史进程，体现了中华民族艰苦奋斗、自强不息的精神，亦是革命先辈视死如归、宁死不屈民族气魄的载体，充分代表了中国人民勇于牺牲、敢于斗争、不畏强暴、血战到底的抗战精神。铁桥精神还在延续，它生生不息，不会消亡。

参考文献

[1] 柳州市地方志编纂委员会. 柳州市志 第四卷 [M]. 广西人民出版社，2001.

[2] 恽延世，张佳俊，王余厚，等. 修建柳江第二铁路特大桥及联络线的建议 [J]. 铁道运营技术，1996（4）：4.

[3] 李运达. 柳江特大桥钢桁梁疲劳评估及检查整治措施 [J]. 铁道运营技术，2010，16（4）：4.

[4] 搜狐新闻. 惊心动魄！历经 8 次特大洪水，广西这座 80 年的老铁桥是如何守住的？[Z/OL]. [2020-06-13][2022-05-24] https：//www.sohu.com/a/401670045_394131

第 11 章
铿锵龙津，风雨不倒
——龙津风雨桥

> 湖南省怀化市芷江侗族自治县的龙津风雨桥始建于明成化十八年（公元1482年），距今已有500年历史，是一座17孔梁式廊桥。1938~1945年抗战期间，日军飞机以龙津风雨桥为破坏目标，先后实施了二三十次轰炸，投下了几千枚炸弹，军民伤亡巨大，房屋损坏严重，然而龙津风雨桥却始终屹立不倒。最终，中华民族赢得了抗日战争的全面胜利，在芷江接受了日军的无条件投降。龙津风雨桥见证了芷江机场保卫战，见证了芷江受降。

一、芷江侗族龙津风雨桥

龙津风雨桥是一座17孔梁式廊桥，由桥，廊，亭3部分组成，因桥墩与流水形如龙口喷津，故名"龙津风雨桥"；又因为桥像龙卧舞水，所以又名"乌龙桥"。龙津风雨桥的16个桥墩均由青石砌成，桥上有7座凉亭，凉亭与长廊融为一体，且全桥都是木质结构，采用穿柱挂枋吊挂的建筑风格，使亭檐气势威严，磅礴大气，宛如横卧舞水的巨龙，非常壮观，有"天下第一侗乡风雨桥"的美誉。

历史上芷江县城河东与河西是以舟为渡，并没有桥。桥址所在地是湖南通往云南、贵州、四川的大渡口，是古驿道线上的舞水驿，东来西往的人马过河全用渡船划渡。到了明成化十八年（公元1482年），马俊为战事方便，将几条木船编为一组，再互相连接，筑起了一座浮桥，方便来往过河人。但遇上多雨季节，常涨洪水，上游冲毁的房屋杂物、树木枝条，多次把浮桥冲走冲垮。

明正德元年（公元1506年），张镇、徐潭亦因军事所需，在浮桥上加铺了一层厚厚的木板，以增加浮桥抵御洪水冲击的能力。嘉靖二十七年（公元1548年），明世宗朱厚熜为镇压西南少数民族起义，派兵部侍郎张岳在芷江（史称沅州）设5省总督府，并担任首任总督，掌管湖广、云贵、四川等省地方军政要务。出于军事目的，张岳又将原来的浮桥拴上铁索，进行加固和改造。连巨舟也罢，维以铁索也罢，这些都不过是为了战事所需，侗族人民的建桥夙愿依旧未能实现。

明万历十九年（公元1591年），沅州城有个叫宽云的和尚，四方奔走募捐，共募集建桥资金15000两白银、粮食11万石，建起了风雨桥，至此侗族人民才完成风雨桥的修建夙愿。

1936年，因抗战需要，拆除桥面建筑改为公路桥。抗战期间，特别是"湘西会战"时，大桥作为军需物资运输的重要通道，发挥了重要的后勤保障作用（图11.1）。1958年及1970年，人民政府先后两度对桥面进行改造，成为石墩钢筋混凝土桥梁，但仍为风雨廊桥形制。其中，16座由石灰、糯米、桐油浆砌条石的桥墩为明代遗存。1998年春，芷江侗族自治县委、县政府决定复修龙津风雨桥，当地群众筹资600多万元，于1999年11月完成修缮（图11.2）。

图11.1 抗战时期龙津风雨桥

图11.2 修复后龙津风雨桥

重新修复的龙津风雨桥全长246.7m，宽12.2m，为当今世界第一大风雨桥。人行道宽5.8m，长廊两侧共设厢房式店面94间，隔间建有7处凉亭，亭最高17.99m，抚扶木栏，登上观赏亭，舞水两岸风光尽收眼底。明山叠翠，舞水拖蓝，犹如一幅流动的山水画卷，令人神往，浮想联翩。

二、傲然屹立屡炸不倒桥

抗战初期，国民党政府将龙津风雨桥上的廊、亭悉数撤除，改造成石墩木面公路桥，作为衡（阳）贵（阳）公路的咽喉。龙津风雨桥附近的芷江机场是盟军的主要空军基地，而龙津风雨桥是大西南主要军需供给线关键节点。因此，芷江机场和龙津风雨桥成了日机的主要轰炸目标。自1938年11月8日至1945年2月21日，6年多时间里，日军飞机以芷江机场和龙津风雨桥为破坏目标，先后实施了38次轰炸，一共投下了4731枚各型炸弹，造成芷江县城及周边军民死亡445人，受伤3932人，损坏房屋3756栋的重大损失，犯下了不可宽恕的侵略罪行。尽管河东河西两岸龙津风雨桥头附近的民房屡屡被炸，龙津风雨桥上下游河里也多有炸弹落下，但是没有一枚炸弹命中桥墩桥面，抗战运输大动脉始终畅通无阻。令人惊奇的是，龙津风雨桥虽然在水灾、火灾面前显得脆弱，而在侵略者的炸弹面前则刚强不屈，任凭日机怎样狂轰滥炸，它却安然横卧。

龙津风雨桥屡炸不倒的真相是什么？许多看似偶然的事情，往往包含着必然的因素。抗战时期，军机要飞临目标上空，通过瞄准仪肉眼瞄准目标实施轰炸，不像今天可以精确制导远程轰炸。轰炸的方式也只有接近目标后低空俯冲投弹或高空水平投弹两种，两种方式各有长短。俯冲轰炸投弹比较准确，但军机易受地面防空火力打击。水平轰炸比较安全，但投弹相对盲目，很难命中目标。芷江当时的防空火力，既有县城周边望城坡景星寺和芷江机场等高地的高射炮、高射机枪组成的密集拦阻射击火网，又有芷江机场起飞的战机实施的空中精确打击。日本军机要想全身而退，只能选择高空水平轰炸的方式。来去匆匆，炸弹10投9误，龙津风雨桥屡炸不倒，自在情理之中。

三、芷江保卫见证日本投降

芷江风雨桥西边就是黄甲街，也就是沈从文笔下的"王家街"，老街上有一栋不起眼的木屋却是意义非凡的建筑，因为其是贺龙的红二、六军团司令部旧址。1935年12月28日，长征中贺龙率领红二、六军团北渡沅水入境芷江。31日，红军抵达芷江黄甲街，打开资本家的粮库、盐库等，将生活物资分发给当地的贫苦百姓，获得当地百姓的鼎力支持。

中国人民的14年抗战，湘西腹地芷江有大功。70多年前为了保卫芷江机场，打响了芷江保卫战，龙津风雨桥当年见证了日寇的飞机几乎贴着河面飞临芷江轰炸城乡，中美航空志愿队凌空迎战的壮举。"抗日烽火起卢沟，一纸降书出芷江"。1945年8月23日，日本降使今井武夫向中国受降代表萧毅肃中将递交了降书，交出战刀，宣布日本战败投降。正是"一寸山河一寸血"，中国以伤亡3500万的代价赢得了战争最终的胜利。如今和平年代，龙津风雨桥成为芷江人民的一个商贸集市，桥中回廊两侧，开满了商铺，多卖便宜衣物，间杂着几家牙医诊所。偶尔有挑担子卖点本地蔬果和糖糕的人，找个供人休息的桥上空地，就地开始做生意。风雨桥也是当地老人们下棋聊天、颐享天年之地。

结语：风雨龙津传铿锵信念

龙津风雨桥经历了血与火的洗礼，通过它运送了大量的战略物资和成千上万的将士上前线，为中国人民的抗战事业作出了不可磨灭的贡献，是我们心中的"英雄桥"。龙津风雨桥在水灾、火灾面前显得脆弱，而在侵略者的炸弹面前则刚强不屈，任凭日机怎样狂轰滥炸，它却安然横卧。这体现了中国军队坚韧不拔的革命意志、敢为人先的斗争精神。

和平来之不易，历史值得铭记。芷江受降蕴含着排除万难、攻坚克难的进取精神；蕴含着绵延不息、日益生辉的时代力量。2014年，芷江城南小学一位小学生给时任联合国秘书长潘基文写了一封情真意切的信，表达了关注儿童、祈祷和平、让鲜花和爱永驻人类家园的愿望。让青少年了解中国革命曾经的漫漫征途、苦难辉煌，从小播下红色的种子，继承和发扬红色基因和优良传统，是教育工作者的重要使命。

参考文献

[1] 蒋国经，蔡新萍.神奇的芷江侗乡龙津风雨桥[J].档案时空，2013（01）：45-46.

[2] 杨顺东.天下第一风雨桥[J].海内与海外，2000（08）：25-28.

[3] 人民网.芷江龙津风雨桥[N/OL].人民日报海外版，2004-07-16（7）[2022-04-25].

第 12 章
扼交通之咽喉，守生命之保障
——朝鲜清川江大桥

> 朝鲜清川江大桥位于京义铁路上，是朝鲜境内八大铁路桥梁中第一长桥梁，是朝鲜交通的"咽喉"。原清川江大桥为钢桁桥，1950 年被败北南逃的美军炸毁。为保障物资补给运输线，中国人民志愿军在清川江原址下游修建了两座便桥。抗美援朝期间，清川江大桥被称为中国人民志愿军后勤保障的"生命线"，大桥被炸毁被修复无数次，发生了许许多多感人的故事，涌现出杨连弟等一大批英雄。清川江大桥作为抗美援朝的历史见证者，充满着中国英雄的灵魂。

一、京义铁路清川江大桥

清川江大桥是朝鲜铁路的第一特大桥梁，处于京义铁路孟中里和新安州两个重要车站之间，北扼京义、平北两线，南下可经由平壤通往前线，东经价川可与满浦及东海岸各线取得联运，扼朝鲜北部之交通"咽喉"，在军事、经济上的战略地位极其重要，是连接抗美援朝战争前线和后方的主动脉，被称为中国人民志愿军后勤保障的"生命桥"，因而成为美军轰炸的首要目标。整个战争期间，它无数次被损坏，但它又无数次在废墟中站起。

清川江大桥原为钢桁桥，在 1950 年冬被败北南逃的美军炸毁（图 12.1）。中国人民志愿军在原桥址下游 500m 处建造了一座 569.5m 的便桥，修一次被炸毁一次，又继续重修，在"修与毁，毁与修"的循环中彰显出铁道兵的英勇斗争、无穷毅力和智慧。现存的清川江大桥是战后中国人民志愿军重修的，为下承式铁路钢桁梁桥。70 多年过去了，当时被炸毁的桥墩依然伫立在清川江上，其上的弹痕清晰可见，向世人诉说着志愿军铁道战士们的英勇事迹（图 12.2）。

二、建桥保障钢铁运输线

由于清川江大桥极其重要的战略地位，美军对其进行了持续的疯狂轰炸，志愿军运输补给随时面临中断的风险。1951 年 3 月 20 日，铁道兵开始修建第二便桥。南北两岸

图 12.1 清川江大桥旧照

图 12.2 现在的清川江大桥

同时施工，拼抢工期，并喊出"谁英雄、谁好汉、清川江上比比看"的口号（图 12.3）。那时候，战争的形势非常复杂，常常是 B-29 轰炸机遮天蔽日突然飞抵清川江上空，弹如雨下，使得江面上水柱冲天，弹片横飞，硝烟弥漫，并且一天就会遭受好几批美军轰炸。在如此严峻的情势下，第二便桥于 4 月 17 日建成，当天晚上运送物资的火车便一列接一列，以 20km/h 的速度通过第二便桥。

但半天不到，4 月 18 日白天，敌机就把第二便桥炸坏两孔，当天晚上志愿军将士又抢修开通第一便桥。装满辎重的军列驶在无数次被毁坏、又无数次挺立的清川江大桥上（图 12.4）。现今的人们难以想象：这种几乎全部由木料作为桁梁和支撑的简易木桥，如何能够承受得起载满军火和给养的列车的重力？然而，当时的环境决定了官兵们无法使用钢筋混凝土或砌石等形式的永久性结构。战士们只能根据当时的现实条件，发挥自己的聪明才智，就地取材，以最经济的方式、最快的速度将敌人炸毁的大桥修复。就这样，你炸坏二便桥、我开通一便桥，你炸坏一便桥、我开通二便桥，不断增加通车时间。那真是一场（寒）水与（炮）火的战斗、生与死的考验。就这样，战士们以顽强的斗志和过人的智慧，确保了清川江大桥这条"生命线"的畅通。

图 12.3 抢修中的清川江大桥

图 12.4 火车经过抢修好的清川江大桥

当美军再次派出飞机飞临清川江上空的时候,眼前通行无阻的铁路大桥让他们感到匪夷所思:志愿军难道会魔法吗?对于占尽了空中绝对优势的"联合国军"来说,志愿军带给他们的是一个又一个的不解。他们不明白,白天刚被炸毁的铁路,到了夜里火车照样通行,白天公路和大桥也被炸毁了,可夜里汽车还是一辆接一辆地走。1951年10月25日,一度中断的停战谈判恢复,当身着崭新棉军装的志愿军战士出现在谈判地点板门店时,敌人的停战谈判代表都惊呆了。因为志愿军竟比"联合国军"提前穿上了新冬装,连续的狂轰滥炸,始终没有挡住后方运来的棉衣和粮食。

1952年,美国第8集团军司令范弗里特在记者招待会上无可奈何地承认,虽然"联合国军"的空军和海军尽了一切力量企图阻止共产党军队的供给,然而,共产党军队以令人难以置信的顽强毅力,把物资运到了前线,创造了惊人的奇迹。

据统计,抗美援朝战争中,志愿军铁道兵团共抢修桥梁2294座次,延长128km;抢修便桥便线延长127km;抢修线路14691处次,延长1003km;抢修隧道122座次;抢修车站3648座次;抢修通信线路20994处次;新建铁路212.86km,创造了"人在路在、人在桥在、国在家在山河在"的奇迹,以血肉之躯和顽强意志创建了一条"打不烂、炸不断的钢铁运输线"。当我们追忆起那条不可思议的钢铁运输线,追忆起那一个个不可思议奇迹的时候,又怎么能够忘记,只有比钢铁还坚强的精神才是真正打不垮的、炸不烂的!

三、杨连弟舍命护长桥

在确保清川江大桥畅通的持续战斗中,发生了许许多多感天动地的故事。一级战斗英雄杨连第(原名杨连弟)舍命守护大桥的故事就是其中最典型的一个。杨连弟生于1919年(图12.5),幼时家境贫寒,各种活都做过。1949年2月,杨连弟参加东北人民解放军,编入铁道纵队第一支桥梁大队。同年9月,为保证人民解放军顺利进军西北,在抢修陇海铁路8号桥施工中,他机智勇敢,创造单面脚手架,攀上45m高的桥墩,仅以一块木板作掩护,连续实施爆破百余次,清除桥墩混凝土$26m^3$,整平5座桥墩顶面(图12.6),提前20天完成任务,立大功一次,获"登高英雄"称号(图12.7)。

1950年10月,杨连弟参加中国人民志愿军奔赴抗美援朝前线。从副班长到副连长,杨连弟和他的战友自从入朝作战以来,就日夜铺路架桥,几乎没有停下过脚步,他们不怕困难加油干,越是艰险越向前。

1951年7月下旬至9月初,恰逢朝鲜北方发生了40年不遇的特大洪水,再加上敌人的连番轰炸,作为朝鲜北部重要交通要塞的清川江大桥多次被炸断。1951年7月底,清川江大桥被敌机炸毁,92车物资受阻无法运往前线。上级给杨连弟所在一连下达了

图 12.5　一级战斗英雄"杨连弟"　　图 12.6　杨连弟在修桥　　图 12.7　天津日报"奋斗百年路，启航新征程"特别报道

死命令，要求 8 天之内必须修好大桥。此时，唯一的解决办法就是抢修。

朝鲜北部的洪水泛滥，想要在滔天的巨浪之中修复一座铁路桥，并且只能用 8 天时间，这几乎是不可能完成的任务！一开始，杨连弟带领战士们用了 2 夜 1 天的时间，试着搭建起一座简单的人行浮桥。但是在汹涌的洪水面前，他们搭好的桥显得不堪一击。刚搭建起来的浮桥常常没一会就被冲塌了。杨连弟尝试过搭设吊桥，或用枕木、铁桶架浮桥，但他们费尽心力先后 12 次搭起的浮桥都被汹涌的洪水冲散了。

有一次，杨连弟和几个战士试着把钢轨放置在铁桶上，再用铁丝牢牢固定好。他带着几名战士把刚做好的浮桥往江心拖，这时，天上下着瓢泼大雨，砸在人脸上让人都睁不开眼。刚刚到达江心，突然一排浪头就拍了过来，浮桥失去平衡，直挺挺地立了起来。让人揪心的是，杨连弟还在上面骑着，他一下子就被掀翻了，掉进了滔滔江水之中。战士们慌了神，赶忙向下游追赶——杨连弟不会游泳。大家跑了几百米，终于赶上了他，拿着一根长竹竿探到他跟前，把他救了上来。

1952 年 5 月 15 日，杨连弟带着几个战士照常检修清川江大桥，防止在物资运输时出差错。转了一圈下来，杨连弟发现一根新修的钢梁位置发生了偏移，跟原来相比差了整整 5 公分（厘米）。作为一个铺路架桥经验丰富的人，杨连弟深知"千里之堤，溃于蚁穴"的道理，他立即带领几个战士一起去把压机抬出来，准备把钢梁移回原位。杨连弟细致地指导战士们使用压机挪动钢梁，不时出声提醒，"对，往左一点……慢点，小心……"。突然爆炸发生了。顷刻之间，火光冲天，杨连弟因为身系在钢梁上，没有来得及躲开，不幸被爆炸后的弹片击中，壮烈牺牲。年仅 33 岁的他为朝鲜人民和祖国人民献出了生命，永远地留在了这片土地上，留在了他最热爱的架桥事业里（图 12.8）。

为了表彰这位年轻战士的功绩，中国人民志愿军领导机关给他追记特等功，并授予一级战斗英雄称号（图12.9）。如果说，中国人民志愿军是插入敌人心脏的一柄利刃，那么保障后勤运输的铁道部队，就是支持利刃发挥全部战力的刀柄，许许多多像杨连弟一样的人，在战场上创造了不朽的功勋。

图12.8 天津"杨连弟烈士纪念馆"馆藏照片

"登高英雄"杨连弟生前所在连队的铁道兵1师1团杨连第连，历经时代变迁，如今为中铁十一局集团第一工程有限公司杨连第队（图12.10）。战争时期，他们勇登八号桥，坚守百岭川，奋战清川江；和平时期，他们参与20条普速、高速铁路建设，修建各类特大桥梁50余座，在武汉长江大桥建设、丹江口水库大坝抗洪抢险、"川藏铁路"建设等国家重大重点工程建设中屡立新功。

图12.9 杨连弟获授的朝鲜民主主义人民共和国一级国旗勋章及证书、金星奖章

图12.10 中铁十一局集团第一工程有限公司杨连第队（集体）

结语：清川江上青春永驻

清川江大桥经历了无数次被摧毁被重建，是一条"打不烂、炸不断的钢铁运输线"，他是中国人民志愿军抗美援朝的历史见证者，见证了中国人民志愿军用鲜血换来的我国长期的和平发展期，他是红色基因的传承者，传承着不畏强敌、勇于牺牲、勇于斗争的抗美援朝精神。抗美援朝战争中，英勇的中国人民志愿军将士肩负民族的希望，高举保卫和平、反抗侵略的正义旗帜，历经舍生忘死的浴血奋战，谱写了气壮山河的英雄赞歌。

抗美援朝战争期间，英勇的中国人民志愿军将士，他们英勇顽强、舍生忘死，是革命英雄主义精神的化身；他们不畏艰难困苦、始终保持高昂士气，是革命乐观主义精神的化身；他们为完成祖国和人民赋予的使命、慷慨奉献自己的一切，是革命忠诚精神的化身；他们为了人类和平与正义事业而奋斗不止，是国际主义精神的化身。

清川江大桥铸就的红色基因将永远为后人所铭记。我们将高举英雄传递过来的精神火把，将抗美援朝精神永远传承下去。

参考文献

[1] 央视财经. 枪林弹雨中！"铁钩、钢丝、长杆、钳子…"他们这样"接通"战场上的生命线！[Z/OL]. 2021–05–24 [2022–03–03]. https：//finance.sina.com.cn/tech/2021-05-24/doc-ikmyaawc7281502.shtml.

[2] 凤凰网. 不用枪不用弹 志愿军靠光照"打下"美军战机 [Z/OL]. 2022–01–07[2022–03–13]. http：//history.ifeng.com/c/8CbYAEjfJIT.

[3] 中国科技新闻网. 铁道兵抗美援朝和清川江大桥 [Z/OL]. 2021–11–26 [2022–03–13]. https：//www.zghy.org.cn/item/484728397386186752.

[4] 杨悦. 杨连弟：热血忠诚，开路当先锋 [N/OL]. 解放军报，2020–09–29（3）[2022–04–09]. http：//www.mva.gov.cn/sy/zt/kmyc70zn/yxbx/202009/t20200929_42445.html.

[5] 永远的铁道兵. 在朝鲜抢修清川江大桥 [Z/OL]. 2009–04–10 [2022–04–10].

[6] 央视新闻. 英雄不朽｜杨连弟：血肉之躯捍卫钢铁运输线 [Z/OL]. 2020–09–11 [2022–04–10].

第 3 篇
陡地风云突变色，炸桥挥泪断通途

　　本篇主要讲述中国军队主动炸毁桥梁抵抗日军的侵略，铸就伟大抗战的故事。一座座桥梁诉说着那段峥嵘岁月，一个个可歌可泣的故事，向世界展示了天下兴亡、匹夫有责的爱国情怀，视死如归、宁死不屈的民族气节，不畏强暴、血战到底的英雄气概，百折不挠、坚忍不拔的必胜信念。伟大抗战精神是中华民族战胜强敌的精神支柱，是激励无数中华儿女为国牺牲奉献的动力源泉。今天，处在和平年代的我们，要始终牢记那段血与火的历史，继续弘扬抗战精神，从抗战精神中汲取前进的动力。

第13章
民族脊梁，坚强不屈
——杭州钱塘江大桥

> 钱塘江大桥是浙江省杭州市境内的一座跨越钱塘江的双层钢结构桁架梁桥，由中国桥梁专家茅以升主持设计，是中国自行设计与建造的第一座双层公铁两用桥，为16孔钢简支桁架桥。抗日战争中，为了阻挡日军南犯速度和保护杭州，茅以升先生不得不将自己设计的钱塘江大桥含泪炸毁。1946年，抗战胜利后，茅以升先生亲自主持钱塘江大桥修复工作，为胜利解放杭州起到了关键作用。中华人民共和国成立后，钱塘江大桥得到了彻底修复，重新焕发了生命，为国家建设贡献力量。2006年5月，钱塘江大桥被国务院批准列入全国重点文物保护单位名单，2016年9月，钱塘江大桥入选"首批中国20世纪建筑遗产"名录。

一、自主修建钱塘桥

钱塘江大桥，又名钱江一桥，位于杭州市西湖之南，六和塔附近钱塘江上，由中国桥梁专家茅以升主持设计，是中国自行设计与建造的第一座双层钢结构公铁两用桁架梁桥。该桥由含铬合金钢简支桁架16孔组成，每孔跨度67.06m，总长1072.90m。如果登上杭州六和塔极目远眺，便会看到这座气势雄伟的公铁两用大桥飞架在钱塘江上，桥身直跨大河两岸，像一条飞虹（图13.1）。

图13.1　钱塘江大桥

钱塘江是浙江省最大河流，以其北源新安江的源头算起，河长 588.73km；以南源衢江上游马金溪算起，河长 522.22km。钱塘江流经今安徽省南部和浙江省，经杭州湾注入东海。钱塘江潮被誉为"天下第一潮"（图 13.2），是世界一大自然奇观，它是天体引力和地球自转的离心作用，加上杭州湾喇叭口的特殊地形所造成的特大涌潮。

图 13.2　钱塘江潮

钱塘江上建桥，是千百年来中国人的梦想。早年杭州民间曾流传一句谚语："钱塘江上建桥——办不到"，在当时的人看来，在钱塘江上建桥可谓是天方夜谭、痴人说梦。不说造桥，风浪大时，甚至连过江也不是一件易事。汉朝司马迁写的《史记·秦始皇本纪》中就记载了秦始皇过江的故事："三十七年十月癸丑，始皇出游……至钱唐，临浙江，水波恶，乃西百二十里从狭中渡，上会稽，祭大禹……"可见秦始皇虽有帝王之尊，但面对水波险恶的钱塘江也无可奈何，只得向西行进 120 里（60km），从江涛较小、江面较狭处过江。

然而"世上无难事，只怕有心人"。1933 年 3 月，茅以升接到修建钱塘江大桥的任务后，当即赶赴杭州。浙江建设厅厅长曾养甫在介绍了建桥的有关情况后，诚恳地对茅以升说："经费我负责，工程你负责，一定要把桥造好"。茅以升慨然应允。

钱塘江上建桥之所以十分困难，主要原因有两个，一是钱塘江的凶险，上游有山洪暴发的奔泻，下游有海浪涌入的澎湃，若遇台风过境，波涛愈发势不可挡；二是钱塘江的神秘，自古传说"钱塘江无底"，厚达 41m 的流沙层在激流冲刷下在江底不断移动，变幻莫测。在对钱塘江的水文、气象和地质资料做了初步调查后，茅以升清楚地看到了面前横亘的艰难险阻，但也得出一个结论：在有适当的人力、物力条件下，从科学方面看，"钱塘江造桥"是可以成功的。

茅以升接受主持建设钱塘江大桥的重任后，会同罗英等工程师和外国顾问华德尔提出了 6 个桥型比选方案。到底选择哪一种设计方案，这令茅以升和工程师们费尽脑筋。茅以升认为，设计方案比选，要以坚固、适用、经济、美观的基本条件为标准，斟酌取舍，权衡利弊轻重,选用适合环境、各方面因素考虑完善的方案。同时,选用的方案,所需经费也不能太高,否则无法实施。经反复研究,最后决定采用 67.06m 的下承桁梁的设计方案。

钱塘江大桥于 1934 年 8 月 8 日开始动工兴建(图 13.3)。大桥建设的第一项任务就是打桩建桥墩,但刚开始就出师不利(图 13.4)。由于江底的沙层又厚又硬,建桥工人们采用传统工艺用打桩船忙了一昼夜,才勉强打进一根木桩,而茅以升为了这座桥的 9 个桥墩共设计了 1440 根木桩!按照这个进度来算的话,就算一刻不停,也需要大约 4 年的时间,这还只是打下桥墩的桩基础。经过多次的尝试,茅以升成功发明了"射水沉桩法",解决了打桩难题。采用这种施工方法一昼夜能打下 30 根桩,工作效率得到大幅提升。同时也打破了外国人认为"钱塘江水深流急,不可能建桥"的预言。

图 13.3 大桥开工典礼

图 13.4 桥墩施工现场

打桩之后第二个困难便是施工桥墩(图 13.5)。为了解决钱塘江水流湍急,难以施工的状况,茅以升和他的施工队伍集思广益创立了"沉箱法"。在采用"沉箱法"施工过程中,遭遇到了山洪暴发和大潮的恶劣天气,沉箱如脱缰的野马上下游四处乱窜。经过多次试验,最终改用 10t 重的钢筋混凝土大锚代替铁锚,沉箱从此就很听话,不再乱跑,而是让桥墩稳稳地矗立在波涛汹涌的钱塘江中(图 13.6)。

在接下来的施工中,又发明了"浮运法",把整孔钢梁装载在两条灌上半舱水的船上,巧妙利用钱塘江涌潮的落差,把钢梁安全安装到位。在大桥的整个建设中,先后共有 80 多个重大难题被一一攻克(图 13.7)。

1937 年 7 月"七七事变"爆发后,日寇将战火烧到了钱塘江。8 月 13 日,上海爆发淞沪会战,施工现场停电,水进入沉箱,危及生命,实在危险。8 月 15 日,日军多次轰炸杭州,险情不断。战火中,茅以升率领全体技术人员和工人们夜以继日地奋战在工地上,工程技术人员发扬爱国主义精神,发挥出无比的冲天干劲,加速赶工

图 13.5　浇筑桥墩

图 13.6　钢筋混凝土沉箱浮运

图 13.7　浮运法架设钢梁

图 13.8　工人施工现场

（图 13.8）。他们说，一定要把桥完成，支持上海抗战。在大家的共同努力下，一座全长 1453m 公铁两用钱塘江大桥历经 925 天，在 1937 年 9 月建成通车！钱塘江大桥作为中国人自己设计和建造的一座现代化大桥，成为中国铁路桥梁史的一个里程碑。

二、炸桥挥泪断通途

据统计，在钱塘江大桥建成后的 89 天里，经大桥运送的抗战军用物资、民生物资足足可以再建 5 座钱塘江大桥。其中，最繁忙的一天里，铁路机车运行多达 300 多辆次，公路汽车通过 2000 多辆次，更有数万民众通过此桥撤往后方。

持续 3 个月的淞沪会战，上海最终沦陷，杭州危在旦夕，1937 年 11 月 16 日下午，一位神秘的不速之客突然找到茅以升，告诉他日军已经逼近杭州，为阻止日军南犯，要把钱塘江桥炸毁。政府的命令是立刻炸桥，但是杭州城里大部分居民还没有撤离，炸断桥等于炸断大批人的生路。茅以升在江边久久徘徊，最后他终于耐心说服了有关方面，暂缓炸桥，并且还请求政府立即开通大桥公路部分。当天晚上，根据茅以升拟定的炸桥方案，一箱箱炸药放到了南岸第 2 个桥墩里和 5 孔钢梁上。100 多根引线从一个个引爆

第 3 篇　陆地风云突变色，炸桥挥泪断通途

点连接到南岸的一所房子里，只等一声令下，就把人桥全部炸毁。

1937年11月17日，在茅以升的努力下钱塘江大桥公路桥正式开通。这本应该是一个欢欣的日子，但此时茅以升的心头却是百味杂陈。因为历经"八十一难"刚刚才建成的大桥，就要接受被炸毁的命运，并且已经装埋了数以吨计的炸药！作为桥梁专家，茅以升对军事失利时大桥必须炸毁的决策早有预判，并且事先就已作了准备。钱塘江大桥在设计初考虑到了国防的问题，所以采用了比较简单的结构体系。正桥主梁采用简支钢梁的形式，相邻桥孔主梁之间各自独立，受力互不影响。这种桥梁结构体系在战时如果遭受到炮火的轰炸而损坏，更容易被修复。不会因为部分跨的主梁损坏而影响其他跨主梁和桥墩的正常使用，只需修复已被破坏桥孔的主梁即可。也正因如此，想要日军难以修复被炸毁的钱塘江大桥，在破坏钢梁的同时还必须破坏桥墩，所以茅以升在靠南岸的第14号桥墩墩身中预留了埋设炸药的暗洞。但炸桥这一刻对茅以升来说未免来得太快了些。多年以后，茅以升回忆起这段往事时说："这就好比必须亲手捏死自己的儿子一般。"痛惜之情未因时光流逝而有消减。

六朝古都南京沦陷以后，日军兵分3路扑向杭州。1937年12月，杭州已危在旦夕，这一天仍有300多台火车机车通过钱塘江大桥。12月23日这一天下午5点时，在桥头就已经能远远地看到日本的骑兵队已经进来了，茅以升不得不封锁桥面实施爆炸。通车89天，全长1453m的钱塘江大桥被炸成了6段（图13.9）。当夜，沉浸在炸桥余音回荡中的茅以升夜不能寐，伏案挥毫写下8个大字："抗战必胜，此桥必复！"此后又作《别钱塘》七绝三首：

一

钱塘江上大桥横，
众志成城万马奔。
突破难关八十一，
惊涛投险学唐僧。

图 13.9　炸毁后的钱塘江大桥

二

天堑茫茫连沃焦,

秦皇何事不安桥。

安桥岂是干戈事,

同轨同文无浪潮。

三

陡地风云突变色,

炸桥挥泪断通途。

五行缺火真来火,

不复原桥不丈夫。

三、修复原桥再现辉煌

1945年8月15日,日本宣布无条件投降。举国欢庆之时,茅以升首先想到的是,尽快修复钱塘江大桥(图13.10)! 1946年春,茅以升回到经过战火洗礼的杭州(图13.11),随即接到通知:尽快修复钱塘江大桥。9月,大桥修复工作正式开始。修桥需要技术资料,好在钱塘江大桥14箱技术资料跟随茅以升南征北战,辗转湖南、贵州、四川等多省,最后完好无损地跟随茅以升回到了杭州。在抗战多年的流亡生涯中,人的生命也时时受到威胁,但茅以升语重心长地对身边的工作人员说:"这些资料都是无价之宝,我们要像保护生命一样地保护它们,做到人在资料在。抗战胜利后,无论是修复钱塘江大桥,或建设新的其他大桥,它都能发挥巨大的作用。"1947年3月,钱塘江大桥初步修复,铁路、公路限载限速临时通车。

临时通车总不是长久之计,为发挥大桥的功效,保证大桥正常通车,必须予以正式修复。但由于国民党统治已处于风雨飘摇、土崩瓦解之际,正式修复不仅未能及时完成,

图13.10 茅以升雕塑

图13.11 晚年茅以升重回钱塘江大桥

而且在人民解放军到来时还曾试图再次炸毁。

1949年5月3日午时，大桥中部突然一声闷响，升腾起一股烟雾。不好，国民党炸桥了！令人惊喜的是，当烟雾散去时，大桥依然屹立，仅受到局部的损伤。原来，我地下党为了保卫钱塘江大桥，冒险做了大量的工作，把炸药从铁路钢梁移到上层公路桥面上，没有炸中要害，爆炸产生的滚滚浓烟，仅是蒙骗国民党的烟雾弹。

5月3日下午3时许，人民解放军在数万名群众夹道热烈欢迎下，列队经过大桥进入了杭州市区。从此，带着战火伤痕、被誉为"东方第一桥"的钱塘江大桥终于扫去阴霾，迎来朗朗的艳阳天。

中华人民共和国成立后，人民政府对钱塘江大桥进行了全面彻底的修整，使其真正焕发了新生。

如今钱塘江大桥已有80多岁的高龄，但仍然在"服役"，这离不开一代一代守桥人对大桥的精心呵护。2006年5月，钱塘江大桥被国务院批准列入全国重点文物保护单位名单（图13.12），2016年9月，钱塘江大桥入选"首批中国20世纪建筑遗产"名录。

图13.12　钱塘江大桥被列为全国重点文物保护单位

结语：钱塘江大桥精神存

钱塘江大桥自1937年建成通车至今已有80多年，它见证了祖国大地的沧桑巨变，见证了党和国家不断成长，民族不断繁荣昌盛，而它的历史也如同党的百年历史的一面镜子，经历风云激荡，依旧巍然屹立。

钱塘江大桥的建造是在十分艰难的环境下进行的，当时国力孱弱、内忧外患，并且施工难度超乎想象，这正如中国共产党在成立时所处的处境一样，面临着重重困难。但历史告诉我们：只要坚定信念、艰苦奋斗、团结奋进，就能克服艰难困苦，浴火重生。

钱塘江大桥见证了中华儿女抗击侵略者的无畏精神。钱塘江大桥建成于抗日烽火之中，它在中华民族抗击外来侵略者的斗争中写下了可歌可泣的一页。建桥之初，日本侵略者的铁蹄已践踏了我国东北大地，并对华北乃至整个中国虎视眈眈；大桥建成之时，全面抗战已经爆发，淞沪会战最终以上海的沦陷结束，为阻止日寇南犯速度，茅以升亲手炸毁大桥，并悲愤地写下"抗战必胜，此桥必复"8个字。这是预言，也是誓言；这是信心，更是决心。炸桥体现了中华儿女在国家和民族危难之际，顾全大局、无私奉献、顽强苦斗的精神。

钱塘江大桥见证了中国人民不屈不挠、不惜牺牲抗击外来侵略的英勇斗争。人们永远不会忘记造桥、炸桥、复桥这段惨痛的传奇历史。抗战的胜利体现了党和人民天下兴亡、匹夫有责的爱国情怀；视死如归、宁死不屈的民族气节；不畏强暴、血战到底的英雄气概；百折不挠、坚忍不拔的必胜信念。抗战胜利后，钱塘江大桥又在茅以升的主持下得以修复并一直服役至今。钱塘江大桥之所以能在经历了造桥、炸桥、复桥的传奇历史后，依然能够屹立在钱塘江之上，正是因为像抗战精神这样伟大精神的存在。

钱塘江大桥见证了钱江两岸经济社会发展的历程。改革开放以来，杭州的空间布局正在逐步改变。从西湖时代走向钱江时代，从跨江发展到拥江发展。目前在钱塘江上已有"十桥两隧"沟通南北，钱塘江大桥作为交通运输的功能已大为减弱，但它仍为十桥之首，它的景观功能，特别是它的文化功能是无法替代的。"生逢盛世不忘历史，肩负重任奋进担当"。新的时代有新的使命，新时代的桥梁工程师在掌握先进技术的同时也要不忘发扬"钱塘江大桥精神"，要用精益求精、严谨细致的工匠精神，努力实现将我国建成桥梁强国的目标。

参考文献

[1] 冉绵惠. 钱塘江大桥：茅以升的抗日壮举 [J]. 西南交通大学学报（社会科学版），2016，17（03）：1-5.

[2] 卢曙光. 茅以升与钱塘江大桥 [M]. 杭州：杭州出版社，2013.

[3] 陈楠枰. 抗日烽火中修建钱塘江大桥 为开路之人开路 [J]. 交通建设与管理，2015（05）：57-61.

[4] 杨永琪. 钱塘江大桥文献寻访悲喜记 [J]. 博览群书，2019（05）：50-59.

[5] 安徽省人民政府网. 蔡永祥：一心为公的人民卫士 [Z/OL]. 2019-08-30 [2022-04-23].

第 14 章
炸桥以阻日军南下，修桥以赋历史新任
——泺口黄河大桥

> 泺口黄河大桥位于济南市西北方向，是横跨黄河的一座重要铁路大桥。清朝末年，铁路专家詹天佑先后 5 次修改设计图纸，明确泺口黄河大桥桥型方案，大桥建成后成为旧中国最具现代化的建筑物之一，是当时全国孔径最大的铁路桥梁。抗战时期，我军通过炸毁桥梁来迟滞日军南下的速度。中华人民共和国成立后，通过多方人士的努力对大桥进行保护以使其获得新生。历史在续写，铁桥由交通之桥嬗变为文化之桥、精神之桥，承载着济南古城的沧桑之变，见证着中华民族的崛起与腾飞。

一、黄河上的百年泺口大桥

泺口，位于济南城北面，与济南北屏鹊山隔河相望，自古就是跨越黄河北出济南的门户，是济南的一个重要码头，是济南交通上的一个咽喉要塞。1901 年，津浦铁路建设时，筑路者面前出现了一道难以跨越的天堑——黄河。为使津浦铁路济南段可以成功跨越黄河，亟需修建一座铁路大桥。德国著名桥梁建筑公司孟阿恩桥梁公司最终选择了造桥地址——泺口。选定桥址后，孟阿恩桥梁公司初步制定了设计方案：大桥为全长 1271m，共计 21 孔的下承式连续钢桁梁桥（15 孔 48m，1 孔 72m，1 孔 96m，1 孔 128m，1 孔 96m，2 孔 72m）。

1908 年 8 月 12 日，丁达意代表济南地方政府向孟阿恩桥梁公司提出交涉，在交涉中提出：泺口地区是济南城防洪的重点地区，历年洪水泛滥的决堤口多发于此，孟阿恩桥梁公司设计的大桥桥墩数过多，桥孔跨度过小，在汛期很容易造成泄洪困难从而导致决堤，进而会使济南城成为一片汪洋。因此希望孟阿恩桥梁公司换址建桥。双方各执一词，矛盾一时无法解决，最后矛盾上报到当时清朝主管铁路事务的邮传部，邮传部尚书陈璧决定派遣詹天佑前往实地考察并给出相关意见。

由于当时詹天佑（图 14.1）毕业于耶鲁大学土木工程系并且从 1905 年开始主持修

建中国自主设计并建造的第一条铁路——京张铁路,其创设的"竖井开凿法"和"人"字形线路,震惊中外,因此在国内和国际的铁路界颇具知名度。济南地方政府和孟阿恩桥梁公司一致表示,同意由詹天佑做出有关泺口黄河大桥施工方案的评判。

詹天佑抵达济南后深知责任重大,因而不敢怠慢,一方面审定孟阿恩桥梁公司的设计方案和图纸;另一方面实地勘测泺口桥址,并走访治河工程人员、调阅水文档案,以了解黄河历年的水文变化情况。经过一系列的调查走访研究后,本着"减少桥墩、扩大桥孔"的理念制订新的设计方案,詹天佑携手孟阿恩桥梁公司开始修改原先的设计,尽可能使桥梁不影响泄洪。同时,筑桥工程部门还与治河工程部门合作,一并制订了加固大桥周围大堤的施工方案。

1909年,经过多次协调,最终在詹天佑前前后后总共修改5次大桥的设计方案后,才最终决定大桥设计方案。大桥总长1255.2m,总共12孔的下承钢桁梁桥(1孔91.5m、1孔128.1m、1孔164.7m、1孔128.1m、8孔91.5m)。钢桁梁桥按照桥面位置不同,可分为上承式钢桁梁桥、下承式钢桁梁桥;按照主桁的支撑方式不同,可分为简支钢桁梁桥、连续钢桁梁桥和悬臂钢桁梁桥。泺口黄河大桥的1~8孔、12孔为简支下承桁梁,9、10、11孔为3联悬臂下承桁梁。桥梁总重量8784.6t。设计载重相当于E.35级。工程设计造价1165.8893万德国马克,折合大清库平银454.56万两。

大桥设计方案确定后,孟阿恩桥梁公司随即于1909年7月正式开始大桥的修筑工作。1912年11月16日大桥竣工,11月28日津浦铁路北段总局总工程师德浦弥尔率团验收合格,并于次日完成与孟阿恩桥梁公司的交接,大桥正式投入使用(图14.2)。泺口黄河大桥通车也标志着津浦铁路正式全线贯通。

二、炸桥以阻日军南下

1937年11月,日军沿津浦铁路南犯。国民党山东省政府主席兼第三集团军总司

图 14.1　詹天佑

图 14.2　建成时远处眺望桥梁

令、第五战区副司令长官韩复榘撤往黄河以南时，命令铁路工程队将大桥炸毁从而减缓日军南下速度。正在济南城内任教的老舍突然听到一声巨响："那是11月15日的黄昏。在将要吃晚饭的时候，天上起了一道红闪，紧接着是一声震动天地的爆炸。3个红闪，爆炸了3声，这是——当时并没有人知道——我们的军队在破坏黄河铁桥"。此次破坏是大桥建立以来受到的最大破坏：第9、

图14.3 铁路大桥当年被炸毁的情景

10号桥墩水面以上全被炸飞；3孔悬臂梁断裂坠入河中；第3、4、5、6、7、8各孔钢梁均一端坠地；钢梁杆件被炸伤87处之多（图14.3）。

老照片显示，钢梁七零八落，其被炸完的形状好像一个"W"，惨不忍睹。同一天，进攻受挫的日军在黄河以北的鹊山北村展开惨无人道的屠村。从下午6点左右到次日黎明，当地村民死伤136人，是为"鹊山惨案"。12月23日，韩复榘率部南撤。27日，济南宣布沦陷。

此后，日军为打通津浦线，加快其侵略的步伐，夜以继日地修复被炸毁的泺口黄河大桥。山东铁道学会原秘书长曾兆来在访问中说："日本在大桥没被炸之前，就早有预料，提前安排情报人员窃取了技术资料，让国内厂家提前全部造好，因此半年时间就架好了。这个速度，现在来说也算够快的。由此证明日本帝国主义侵略中国是早有预谋的"。

三、修复大桥再担重任

如果说战争时期，泺口黄河大桥主要遭受的是战火的破坏，那么中华人民共和国成立后，大桥主要遭受的便是自然灾害的损伤。1958年黄河遭遇特大洪水，周总理亲临现场指导大桥的修复加固工作；1967年大风吹倒桥边大树，王士栋同志舍身将树木推出铁轨，保证列车安全通过；1987年，曾兆来等人极力反对拆除大桥，最终大桥得以保存，通过修复加固后成为目前黄河上唯一一座承担铁路运输任务的百年铁桥。

周恩来冒洪峰之险，视察大桥安危。1958年8月，黄河遭遇百年不遇的特大洪水。持续10多天的特大洪水使当地百姓的生命财产受到了极大的破坏。8月5日，周恩来总理刚在河南郑州视察完黄河铁路大桥抢险工作，听说济南泺口黄河铁路大桥也受到了洪水的威胁，便不辞艰辛，马上起身，于次日上午飞抵泺口黄河大桥察看险情。此外，周总理还通知济南铁路局，上桥察看时不要影响来往列车的正常运行。回到桥南头，

第 14 章 | 炸桥以阻日军南下，修桥以赋历史新任 —— 泺口黄河大桥

周总理边走边看，与铁路局讨论如何加固桥梁使其可以更好地抵挡洪水。对大桥哪里该维修、哪里该加固逐一做出指示，并一再叮嘱铁路局的同志："你们要千方百计把大桥保住！"

当时，济南工务段有个叫任文广的巡道工正巧在周总理身边，他看到总理十分眼熟，一时又说不出来他具体是谁，直到周总理离开大桥后，工友才告诉他，那是我们敬爱的周总理。任文广为此激动了许久，人民总理竟然亲自来到抗洪一线指挥当地百姓抗洪。周总理真的把自己当作人民的"总服务员"。他时刻将群众安危冷暖放心上，对群众的关怀无微不至，而对自己的要求却颇为严苛。

王士栋同志抢险护桥，英勇牺牲。1967 年 5 月 31 日，一时狂风四起，大雨瓢泼，堆在泺口黄河大桥桥头的原木被大风吹落在铁轨上，严重影响了火车的正常运行。守桥部队马上出动，前往清除路障。为了避免来往列车受到损坏，王士栋不顾个人安危，用尽全力将最后一根原木移出轨道，当时一列火车飞驰而过，列车、大桥及上千位旅客的生命安全了，但车轮却将他永远固定在了这座桥上，他为了人民光荣牺牲了自己。为使王士栋的英雄事迹被人民永远记住，中共山东省军区党委于同年 7 月 6 日追认他为中国共产党党员，并追记其一等功。山东省革命委员会和济南军区分别做出决定，号召全省人民和全区部队开展学习王士栋的活动。《大众日报》为其发表社论。济南市政府在其牺牲地，为王士栋革命烈士塑像以示纪念。

曾兆来等人力保泺口黄河大桥。1987 年大兴安岭发生了严重的森林火灾，全国上下掀起排查安全隐患的活动，水利、黄河河务部门认为大桥已经使用了将近 77 年，远超出其原本的保险期 27 年，一旦发生洪灾有可能会使桥梁垮塌，严重影响大堤两岸百姓的安全以及来往列车的正常运行。于是，山东省向中央发出请求拆桥的报告。中央经过考虑后也同意了山东省的请求，要求桥梁于 1989 年 6 月底前拆完。但曾兆来和原济南铁路局基建处高级工程师楼方均及多位专家对此次拆桥事件表示极力的反对，他们认为这座老桥有必要保留下来。随后楼方均利用民主党派身份直接写信给九三学社中央，要求尽快向国务院领导转达专家建议。11 月 18 日时任省长赵志浩过问、同意后，省计委委托山东铁道学会召开专家论证会。

1991 年 9 月经过多方讨论，专家们最终得出结论：这座铁路桥再用 25 年也不会出现重大安全隐患。为了慎重起见，赵志浩提议采取集体决策的方法，所有副省长及以上干部全部签字。即使出差在外的，也得回来，一个不漏地签上字，正式上报中央。到了 10 月，国家计划委员会专门研究山东省请求保留泺口老桥的报告。铁道部立项研究，专门讨论和研究钢梁的疲劳和剩余寿命问题。经过长时间的讨论和研究后，铁道部论证会得出结论：可继续使用大桥，至少 30 年没问题。后经国务院批准，配套

新建济邯线继续使用。目前，泺口黄河铁路大桥仍在正常使用中（图 14.4），是全国重点文物保护单位，入选第一批中国工业遗产保护名录，是目前黄河上唯一一座承担铁路运输任务的百年铁桥。

图 14.4　现在的铁路大桥

结语：百年铁桥自强不息

詹天佑在大桥的建设中注重许多细节，亲临现场查看地质地貌，先后 5 次修改桥梁设计图纸，充分展现了中国人民一丝不苟、精益求精的工匠精神。大桥虽然经历了战争的损坏和自然灾害的侵蚀，但是仍然承担着铁路运输的任务，足以显示大桥的优异质量，也反映出詹天佑精湛的建桥技术。工匠精神是中华优秀传统文化的重要内容和宝贵财富，在新时代我们应大力弘扬和发展工匠精神，充分发挥劳模工匠的示范引领作用，让工匠精神在新时代蔚然成风，使更多的社会主义建设者们做到干一行、爱一行、钻一行。

黄河遭遇特大洪水，周总理亲临现场指导大桥的修复加固工作；大风吹倒桥边大树，王士栋同志舍身将树木推出铁轨，保证列车安全通过；曾兆来等人极力反对拆除大桥，最终大桥得以保存，通过修复加固后成为目前黄河上唯一一座承担铁路运输任务的百年铁桥。这些故事、这些人物充分体现了中国人民严肃认真的工作态度和勤勤恳恳、兢兢业业的爱岗敬业精神。这种精神是人们基于对一件事情、一种职业的热爱而产生的一种全身心投入的精神，它不仅是一种职业态度，更是职业道德的崇高体现。新时代我们应继承和发扬这种爱岗敬业精神，对自己从事的职业保持尊敬和敬畏，树立崇高的立业动机，不断学习和丰富相关知识，积极向敬业模范学习。

参考文献

[1] 郑棪. 泺口黄河大桥 [J]. 铁道知识，2012（01）：48-51.

[2] 邵旭东. 桥梁工程 [M]. 北京：人民交通出版社，2019.

[3] 老舍. 老舍自传 [M]. 南京：江苏文艺出版社，1995.

[4] 于建勇，崔红. 百年铁路大桥与四次大战 [J]. 山东档案，2014（01）：65-67.

[5] 姚边刚. 省志铁路分志的质量特点 [J]. 中国地方志，2002（04）：50-53.

第 15 章
长干里跨秦淮，阻敌军而身毁
——秦淮河上长干桥

> 南京古城长干桥横跨秦淮河。全面抗战爆发后，为了阻止侵华日军通过长干桥攻占南京城，中国军队炸开了这座千年古桥。南京沦陷之后，侵华日军和傀儡政权在这里搭起了临时木桥以维持交通。中华人民共和国成立后，人民政府重建长干桥。华夏历史见证了长干桥的变迁，红色基因篆刻在混凝土桥的深处。

一、南京秦淮长干桥

长干桥位于江苏省南京市秦淮区中华门外，呈南北方向横跨于秦淮河之上，南唐《江宁府图》中第一次记录了"长干桥"这一桥名。南唐御街直达城外长干里的必经之道，李白一首《长干行》让"青梅竹马"这个浪漫的成语永远地与长干里联结在了一起。自此之后，长干桥的名称在史料之中屡见记载。在明代《洪武京城图志》之中长干桥名为"长安桥"，并且称之为"古长干桥"。清代时该桥又复称长干桥。

长干桥犹如古城金陵的门牙，曾屡遭战火，在清代后期和民国时期皆修建过（图 15.1）。南京保卫战打响之际，中国军队为阻止敌人通过护城河，事先炸塌了清光绪二年（公元 1876 年）重建的长干桥的桥身中段。随后，侵华日军在中华西门的西侧架设浮桥攻城。南京沦陷后，侵华日军和傀儡政权为了恢复城南的交通，拆除附近建筑后获取木料，在原长干桥遗址上搭建了一座临时木桥。抗战胜利后，旧桥部分桥墩因年久失修出现塌裂。

中华人民共和国成立后，中国共产党领导人民迅速医治战争创伤、恢复经济建

图 15.1 20 世纪 40 年代的长干桥

图 15.2　刘伯承为长干桥题字　　　　图 15.3　1951 年重建的长干桥

设，着手修复长干桥。1950 年 10 月，南京市二届一次各界人民代表会议通过重建长干桥以便利城乡物资交流、保证水陆交通安全的决定。全市用两年多时间全面修复江河堤防 210km，完成土方 199.3 万 m³，并重建了长干桥、三山桥等桥梁共 14 座，时任南京市人民政府首任市长的刘伯承为长干桥题字（图 15.2、图 15.3）。

1975 年，由于交通流和经济发展的需求，对长干桥又进行了扩建。当年主持设计改建长干桥的是著名建筑家杨廷宝。在杨廷宝的设计之下，长干桥桥宽从 14m 被拓宽至 24m。扩建后的长干桥长近 100m，共 8 跨（图 15.4）。在长干桥展览中，我们看到了当年杨廷宝设计稿的复制版，展览中展出的这张历史照片上，能看到杨廷宝设计的桥头设有古朴的灯柱，桥侧有回纹花饰的栏板。长干桥重建完成后，刘伯承题字"长干桥"嵌在桥头栏杆上。

图 15.4　从中华门上看长干桥

二、毁桥御敌城门激战

1937 年日本下达大陆令第八号："华中方面军司令官须与海军协同，攻占敌国首都南京"，日军围攻南京。蒋介石于当晚召集少将以上军官开会，于 7 日晨 5 时 45 分乘飞机离开南京。日方面军下令，于当日开始向南京外围第一线防御阵地进攻；突破该阵地后，继续向南京城复廓阵地攻击；集中到达战场的全部炮兵火力，用于摧毁并夺取城垣。其中第 10 军负责攻击西南面的中华门（长干桥防御体系）。为了阻止敌人快速通过护城河，中国军队预先炸毁了南京中华门外的长干桥的桥身中段（图 15.5）。

在长干桥—中华门城墙外，原来是一片密集的居民房，守军为进行迎战准备，在日军到来之前，将其全部拆除成平地。这样，在中华门城墙上，就可以将200多米范围内的情况一览无余，当面敌军稍有动作，都会尽收眼中。在中华门城墙上，守军更是严阵以待：每隔50m，就配置一挺机枪，机枪之间

图15.5　中华门上看被炸毁的长干桥及桥外民房

还架着30余门迫击炮。日军要攻进中华门，就必须向北渡过秦淮河。由于长干桥被炸，日军无法顺利渡河，为了彻底拿下中华门，罕见地出动了大量坦克。藤田实彦回忆，"我们集中炮火向城门附近猛轰，城楼在我们的炮火中渐渐被炸塌了"。长干桥—中华门战斗的激烈程度超出了常人想象，12月12日当天，参与进攻的日军坦克部队，竟然将所有的弹药全部打光了。在日本当时公布的南京作战新闻照片中，拍摄于中华门附近的有多张。其中一张反映了12月12日，日军10余辆94式坦克排成阵势，隔着长干桥攻向中华门（图15.6），城墙上硝烟弥漫，炮弹激起阵阵弹雾，而城楼已经被炸掉了半边。据日军"阵中日记"记载，日军渡河极其困难，很多日军士兵被中华门城楼上和长干桥守军猛烈的火力打死在秦淮河中。

12日上午，长干桥附近的一段城墙被日军炮火炸开（图15.7），日军第6师团47联队一部渡过秦淮河，部分日军在火力掩护下用绳索爬上了城墙。三营营长胡豪亲自率领一百人组成的敢死队，向突破口奋勇冲杀过去。城头上的中国士兵"从各个方向围向

图15.6　日军坦克隔桥炮轰

图15.7　被战火毁坏的长干桥及中华门

日本兵,浓浓的硝烟中,夹杂着刺刀穿过肉体的声音、殴打声和伤者的呻吟声。"敢死队与日军展开了殊死搏斗,终将突入之敌全部歼灭。

长干桥—中华门的战斗打得极为惨烈、悲壮,日军虽然多次突上城头,并且出动了坦克、大口径火炮等重武器,却没能一举跨过秦淮河。就这样,守军一直坚守到了12日傍晚。此时城墙西边的中华西门被日军用大炮轰开了一个数十米的缺口,团长邱维达左腿中弹骨折,昏迷不醒,中华门危在旦夕。12日晚7时,306团接到撤退命令,守军奉命撤出中华门。

三、桥毁城破孤魂埋骨

1937年12月13日0时左右,日军夺取长干桥和中华门。被占领后,日军拆除附近建筑后获取木料,在长干桥遗址上搭建了一座临时木桥。日军得以长驱直入侵占南京,自此,日军开始了长达6周之久的"南京大屠杀"(图15.8)。

图15.8 南京大屠杀

被解除武装的中国士兵和民众总计有10余万,被日军逼至燕子矶江边的沙滩上,数十挺机枪疯狂扫射,刹那间,尸体蔽江。至少有5万余人惨遭杀害。14日,日军又在汉西门外集体屠杀民众和非武装军警7000余人,江岸尸体纵横,血流成河。15日夜,日军将俘虏的9000余名南京军民押至上元门外鱼雷营江边,进行了集体屠杀,侥幸逃生的仅9人。16日,日军在下关煤炭港、鼓楼四条巷一带屠杀数万人。17日,日军又在下关上元门屠杀无辜百姓3000余人,在三叉河杀害四五百人。18日,日军在下关草鞋峡将中国男女老幼5.7万人集体残杀,"先用机枪扫射后,复用刺刀乱戳。最后浇以煤油,纵火焚烧,骸骨悉数投入江中"。在这前后,日军还在上新河一带残杀中国被俘军人及难民28730人。

一时间,南京到处尸骸遍野,血染大地,成了一座血腥的人间地狱。在短短的6个星期内，日军惨杀的中国人数超过了 30 万，其中包括很多手无寸铁的妇女和儿童。这些禽兽展开烧杀劫掠"大竞赛"，用劈脑、砍头、挖心、切腹、水溺、火烧、活埋、机枪扫射等各种惨无人道的手段，疯狂屠杀中国人。除此之外，日军还疯狂地对妇女进行强奸，对和尚和尼姑也进行残杀和奸污。在大肆抢掠财物的同时，日军将全城约 1/3 的房屋焚烧、毁坏。

日军的暴行，激起中国人民极大的仇恨，更坚定了中国人民誓死捍卫家园，驱逐侵略者的决心。

结语：中华门户勿忘国耻之桥

长干桥犹如古城金陵的门牙，曾屡遭战火，长干桥被炸毁也预示着南京保卫战残酷的开始，也承载了南京大屠杀的悲壮。一方面，国民政府集合重兵固守南京的决策失误造成大批中国军人滞留南京。另一方面，国民政府对南京市民疏散不力，留下严重的平民安全隐患，这些因素扩大了南京大屠杀中遇难者的规模。决策失误，让中华的平民和官兵从战力变成待宰的羔羊。

30 万中华同胞，倒在日军机枪的扫射下，倒在日军一把把刺刀下，倒在空中落下的炸弹下。长干桥下血流成河。那扭曲的同胞的脸和惊慌失措的民众，尸臭和血腥弥漫了整个南京城，令人触目惊心的杀戮在街头巷尾进行着。长干桥仿佛目睹这场悲壮的战争和惨无人道的屠杀。过去的历史无法改写，但那耻辱的一页将永远警醒我们每一个中国人牢记历史，振兴中华。

参考文献

[1] 新年财经.1937，南京保卫战，忠勇的守护与可耻的溃逃[Z/OL]. 2020-11-01 [2022-04-20].

[2] 中国军网.南京保卫战：中国军队从顽强抗战到瞬间溃退[Z/OL]. 2018-12-11 [2022-03-23]. http：//www.81.cn/2018njdts81zn/2018-12/11/content_9375798_3.htm.

[3] 刘燕军.南京大屠杀期间的平民英雄[J].炎黄春秋，2021（12）：58-60.

长干桥专业知识科普

长干桥为预应力混凝土连续梁桥，这种桥梁的优点是连续梁由于支点负弯矩的卸载作用，跨中正弯矩大幅减小，使得弯矩图面积减小，跨越能力增大。而且连续梁结构刚度大，变形小，动力性能好，主梁变形挠曲线平缓，有利于高速行车。连续梁桥在结构重力和汽车荷载等恒、活载作用下，主梁受弯，跨中截面承受正弯矩，中间支点截面承受负弯矩，通常支点截面负弯矩比跨中截面正弯矩大。作为超静定结构，温度变化、混凝土收缩徐变、根底变位以及预加力等会使桥梁结构产生次力。由于预应力结构可以有效地防止混凝土开裂，能充分发挥高强材料的特性，促使结构轻型化，预应力混凝土连续梁桥具有比钢筋混凝土连续梁桥更大的跨越能力，加之它具有变形和缓、伸缩缝少、刚度大、行车平稳、超载能力大、养护简便等优点，所以在近代桥梁建筑中已得到越来越多的应用。

第16章
坚忍不拔的信念，永不屈服的战魂
——云南保山惠通桥

> 云南省保山市惠通桥是由爱国企业家梁金山出资建造的一座钢悬索桥，跨越怒江，为滇缅公路的咽喉。抗日战争期间，惠通桥遭受日军6次大型空袭和无数次抢修，抗战失利时，中国军队又主动炸毁惠通桥。惠通桥见证了那段光明战胜黑暗、正义战胜邪恶的英勇抗日史，改变了滇西抗战历史命运。

一、怒江惠通桥

惠通桥位于云南省保山市龙陵县腊勐镇腊勐社区，处在施甸县与龙陵县的分界线上，是一座钢悬索桥。惠通桥的东侧是形如刀削的大山头，西侧则为耸入云天的腊勐松山，而桥下就是汹涌的怒江。吊桥呈东北西南走向，全长205m，跨径190m，由17根巨型钢缆飞架而成，最大负重7t，入选了第三批国家级抗战纪念设施、遗址名录。

惠通桥的前生今世，也是相当的坎坷。《永昌府志》记载，这里是古代永昌（今保山）通往芒部（今芒市）出缅甸古驿道上的"老渡口"。清道光十六年（公元1836年），当地官员提议在"老渡口"建座铁链悬索桥，以方便通行，但因战乱未果。同治、光绪年间，通过地方百姓筹款，建成能通行驮马的铁链悬索桥，取名腊勐桥。但是桥台设置太低，时不时被洪水淹没。到民国二十年（公元1931年），邱天培接任了龙陵县县长，得到了爱国侨胞梁金山先生的鼎力赞助，并亲自出面邀请国外工程师到现场进行设计勘察和施工指导。

梁金山，1884年生于云南保山，自幼家贫，帮人赶马往来于滇西与缅甸之间。少年梁金山先后修过铁路，当过火车司炉，也做过公路道班、码头搬运工，后来，梁金山在缅甸腊戍的帮海银厂当了矿工，开始了他的银矿工人生涯。1916年，梁金山32岁，南渡银厂购回英制新式机械扩大生产后，月产白银激增到1200余万两。后来，梁金山成为缅甸华侨中的巨富，其性格豪爽，为社会各阶层人士称誉，是缅甸很有声望的华工领袖。图16.1为梁金山旧影。

图 16.1　爱国侨胞梁金山　　　　图 16.2　惠通桥竣工通车

在怒江上修一座桥，这是梁金山青年时代就有的梦想。他认为给家乡修桥是利国利民的头等好事，但是修建惠通桥，估计需要花费 30 余万卢比，而龙陵县只拿得出 10 万左右。梁金山毫不犹豫地将 2 个商号和 1 个公司降价出卖来筹款建桥。拿到修桥的资金后，先请美国工程师阿伯兰德设计大桥，之后又修建了运输建材的公路。在修桥的两年多时间里，梁金山多次往返缅甸和施工现场，查看建桥进度。1937 年末，一座全长 205m，宽 6m 的铜缆吊桥终于建成了。惠通桥属于地锚式悬索桥，先将分散的钢缆紧束成桥梁主缆，将主缆两端固定在两岸岩壁上的锚碇坑中，主缆经过两岸桥塔悬挂在怒江之上。之后再在主缆上安装吊杆并逐步铺设主梁。最后在其上铺装好木板，整座钢索吊桥就建好了。惠通桥的主缆架在两岸的峭壁之中，而固定主缆的锚碇是悬索桥最重要的承力结构。大桥竣工后，本来要命名为"金山桥"。后来梁先生说这座桥要施惠于两岸的老百姓，最终取名为"惠通桥"。

1937 年末，滇缅公路的建设正在如火如荼地进行中。但是想要过河，必须走惠通桥，而惠通桥是为骡马运输设计的。负重的驮马，一次仅能过 7 匹（约重 2t），多一匹都不行。在面对建设任务重、工期紧的双重压力下，政府决定将惠通桥改造成可以过汽车的公路桥。其方案是：原桥台不变；用混凝土将两岸钢架桥塔填实包裹，加固为钢骨水泥结构；两边主索由 2 根增为 8 根，吊杆及横梁均增密加固。翻修后每次可通行 10t 卡车一辆。到 1939 年 2 月，先后经历了 5 次翻修的惠通桥终于竣工通车，图 16.2 为竣工通车后的惠通桥。

二、守桥赤子心

在抗日战争中，日军认为只有切断国际对华援助，才能迫使中国屈服。1940 年 9 月，日军入侵越南，封锁了滇越铁路和海防到广西的通道。10 月，日军组建滇缅公路封锁委员会，调遣 100 余架飞机轰炸滇缅公路，惠通桥就是其轰炸的重点之一。图 16.3 为日军对惠通桥进行轰炸。

与怒江上的其他桥梁不同，惠通桥经历了日军数百架飞机的轮番轰炸，却安然无恙地保存了下来。日军的飞机能偷袭美国英国的战列舰，却炸不断一座几百米的小桥。主要原因为惠通桥在修建锚碇的位置不仅基础牢靠，而且还很隐蔽。日军的飞机根本无法准确定位它。其次，通过对惠通桥的地理位置分析便可深谙其中的奥秘。惠通桥依靠悬崖峭壁而修，并处在怒江 U 形转向口中，再加上常年空气潮湿，江面经常水雾缭绕，为惠通桥提供了天然的保护措施。日军投下的炸弹不是丢到了江里，就是扔到了山上。同时由于飞机惯性轰炸，需要的小转向、低爬升的地理条件在此完全不具备，所以日军低空俯冲轰炸美军战列舰那套也搬不到惠通桥这里来。

除了得天独厚的地理优势，更为重要的是守桥官兵的坚守。当怒江上空几十架日本轰炸机向惠通桥投下炸弹时，奉命守卫惠通桥的中国远征军炮兵手唐继平和他的战友们点燃潮湿草堆，燃烧煤油渣，制造浓雾，扰乱轰炸机目标。混乱中，日本飞机投下上百颗炸弹，桥虽然没有被炸断，却牺牲了十几名官兵。活下来的人来不及悲伤，赶在轰炸间隙抢修桥梁，保证滇缅公路生命线不被切断。日军从 1940 年 10 月到 1941 年 2 月，对惠通桥进行了 6 次大型空袭。每次空袭过后，守桥官兵就开始突击抢修桥梁，抢修过后，惠通桥又是一幅车水马龙的景象。日军炸一次，我们的守桥官兵就修一次，为前线的抗战提供了强有力的运输保障。炸不断的惠通桥体现了中国军民不怕流血、不畏牺牲，对于抗战胜利的执着信念。图 16.4 为守桥的中国军人。

图 16.3　日军轰炸惠通桥

图 16.4　守桥的中国军人

三、炸桥阻敌进

为了彻底切断滇缅公路，1942 年 1 月日军发动缅甸战役。如果日军从惠通桥渡过怒江，不超过 10 天就可到达昆明，威胁重庆。惠通桥成为昆明乃至重庆的"生命桥"。

情势严重，必须不惜代价阻敌于惠通桥西岸。而在敌强我弱的情况下，炸毁惠通桥成为阻敌于怒江西岸的最佳选择。但惠通桥不仅是日军进攻昆明的唯一通道，还是众多军民百姓撤退的生命通道。不到日军攻桥时决不炸桥，成为共识。

远征军在撤退中炸掉了通过的所有桥梁，怒江上仅剩下惠通桥连接两岸。5月2日，远征军工兵总指挥马崇六将军从畹町撤往昆明，途经惠通桥，给大桥留下一队士兵，并授权队长张祖武接管大桥，一旦情况紧急立即炸桥。

接到炸桥任务后，张祖武马上召开连排长会议讨论炸桥方案。悬索桥的传力途径主要是由主梁传向吊杆再传向主缆，最终施加到桥塔和锚碇。而桥塔主要承受主缆施加在其上的压力，破坏主塔既能长时间阻断交通，又能保留下主缆，为日后的重建也留下了条件。最终经过商议，决定进行3点同时爆破。一连长胡世安率全连赴桥西头安装炸药，二连长赵宋卿负责桥中主梁处的炸药安装，三连长石坚在桥东头安装炸药。为确保炸桥成功，同时采用了导火索引爆和电引爆。图16.5为模拟爆破惠通桥场景。

图 16.5　模拟爆破惠通桥场景

5月5日上午，日军伪装成难民来到了惠通桥头。此时的惠通桥西岸人来人往，散兵难民混杂抢行。过桥通道极度混乱，守军开枪以维持过桥秩序。枪声一响，混在逃难人群中的日军便衣以为自己被发现了，于是举枪射击开枪者，试图占领桥梁。在突如其来的枪声中，张祖武发现西岸敌人奔扑桥头，准备攻抢惠通桥。他高喊着："点火！"并猛力压下发电器手柄。顿时烟尘弥漫，桥沉江底。图16.6为炸断后的惠通桥。

那一声巨响，如今97岁的罗开瑚记忆犹新。炸桥那天，他正开着车往惠通桥赶，

图 16.6　炸断后的惠通桥

沿途听到了要炸桥的消息。他一路急行，即使遇到堵车也不下车休息。"中午 12 点多，我刚过惠通桥，就听到轰的一声巨响。回头望去，江面上腾空而起几丈高的水柱，惠通桥便消失在浓烟之中，车辆、人流纷纷落入江水，很多人被激烈的水柱压翻下去再也没有起来。"罗开瑚劫后余生，庆幸不已。

惠通桥虽然已经炸断，但是同时切断了日军打通大陆的交通线。炸桥阻敌，保住了西南四省，保住了中国军队的精锐力量，为之后的大反攻奠定了战略基础。

四、复桥助反攻

惠通桥最著名的一次大修发生在 1944 年。此时日寇颓势已现，中国远征军准备向盘踞滇西的日军发起反击。为此，必须重修惠通桥，保障抗战军事运输。

桥下的怒江水看似平静，实则深不可测、水流湍急。老辈人都说，当年日军的坦克掉下去，连个泡都不冒就沉底了。1944 年 6 月 18 日，重修工程开工。

从准备、动工到修复通车，仅两月时间，继续保证怒江东西两岸通行（图 16.7）。其中，惠通桥的抢修抢运人员功不可没。而这批人中绝大部分都是南洋华侨机工。

在中国抗战史上，南侨机工是一群为了祖国连命都不要的英雄，也是一群曾经被遗忘的抗战者。抗战期间，

图 16.7 中国军队通过惠通桥

滇缅公路是中国唯一的陆上物资生命线。由于当时国内缺乏汽车驾驶人员，1939 年，以陈嘉庚为首的南侨总会号召华侨青年参加"南洋华侨机工回国服务团"，回国服务。公告得到了 3000 多名爱国华侨青年的积极响应，其中有司机、工人，也有工程师、大学生。他们中的许多人并没有在中国生活过，只是为了报效祖国就毅然放弃了"喝咖啡、吃面包"的生活，投入抗战的硝烟中。回国后，他们组成了二战中最大的运输车队，抢运物资。当年的滇缅公路路面狭窄，经常塌方，不少机工们连人带车坠入山谷，连遗体都找不到。敌机轰炸更是家常便饭。图 16.8 为南侨机工回国留影。

结语：金钢铁索卫我中华

如今，惠通桥还在，虽没有昔日的繁华，但增添了岁月的沧桑，默默地诉说着中国人民可歌可泣的抗日英雄故事。天下兴亡，匹夫有责是梁金山先生对自己祖国的一种深厚情感，是愿意为祖国奋斗献身的价值取向。梁金山先生在民族生死存亡之际，奉献一

切积蓄修建惠通桥，激发了中国人民的爱国情怀。

在敌人一轮又一轮的狂轰滥炸下，中国官兵视死如归，宁死不屈，不间断地修桥，从未让敌人切断后路，无不体现中国人民为维护国家和民族尊严而永不屈服的精神品质和高尚追求。守桥官兵毫不迟疑地炸桥成功阻断了来势汹汹的敌人，面对日本帝国主义的疯狂侵略，无数中华儿女奋起抗争，不畏强暴，血战到底，为了祖国利益不惜流血牺牲。还有那些运输线路上默默奉献的南洋华侨机工，面对死亡危险，他们义无反顾。正是这种民族意志和信念，中国人民最终战胜了穷凶极恶的日本侵略者。他们的故事和惠通桥的一生交相辉映，在怒江的惊涛拍岸中告诉后人抗日胜利来之不易。

图 16.8　南侨机工回国留影

今天的惠通桥就像一位沉默的老兵，尽管换上了笔挺的新装，骨子里却依然萦绕着不屈的战魂。在建党百年之际，再次站在惠通桥头回望历史，那段血泪与火焰的残酷以及来之不易的和平，总让人感慨万千。当然更不能忘的是："落后就会挨打，软弱必招欺凌"，仅有和平的愿望是不够的，拥有和平的力量才是根本。曾经的惠通桥改变了抗战的命运，而在新时代的今天，交通强国更是我们青年一辈的责任。如今的中国已经是桥梁建设大国，不断突破新的跨径、新的高度和新的工艺。国家的基础设施建设是国民经济的支柱产业，需要大量一线工程技术人员。作为一门实践性很强的工科专业，大学生应该提升对专业的认知度，积极培养专业兴趣。在学习过程中除了学习理论知识，更要通过一些工程故事明白怎么学怎么用，感受大国工匠的智慧。

参考文献

[1]　云南省交通厅，云南省民航局. 云南省志卷三十三交通志 [M]. 昆明：云南人民出版社，2001.

[2]　郝涛，梁金山. 把一切献给祖国的抗战 [J]. 中华儿女，2015（16）：23-25.

[3]　中国桥梁网. 惠通桥的故事 [Z/OL]. 2015-06-03 [2022-03-20]. http：//www.cnbridge.cn/html/2015/guqiao_0603/1928.html.

[4]　江从延. 滇西抗战中的功果桥与惠通桥 [J]. 大理文化，2015（03）：104-112.

第17章
浴战火重生，保家国无恙
——贵州盘江铁索桥

> 贵州盘江铁索桥位于北盘江中游，是贵州修建的第一座铁索桥。抗战期间，盘江铁索桥是中印公路、滇缅公路的交通咽喉，对抗战物资的运输起到了重要作用。盘江铁索桥记录着滇黔通衢的历史风云，在抗战烽火里淬炼了中国人民的铁血丰碑。如今，这座经过修复的盘江铁索桥，仍屹立在一江激流之上。

一、滇黔锁钥盘江铁索桥

北盘江两岸山峦连绵不绝，悬崖千尺，峭壁耸立，水流从峡谷中滚滚而来，涌起团团银浪，翻出阵阵轰鸣。横亘于北盘江之上，被称为"滇黔锁钥"的铁索桥犹如卧龙横卧，连通两岸。盘江铁索桥肇工于明崇祯元年（公元1628年），竣工于崇祯三年（公元1630年）。桥长30丈（约100m），高30丈（约100m），宽8尺（约26.7m）。因地势险峻，桥梁架设困难，只得桥梁两岸立铁柱，冶炼青铁为扣，联扣为索，将36根铁索连接到两岸铁柱之上，再系于两岸岩石洞中。铁索上铺横木为桥板，横木厚约27cm，宽约3m。两边架设高约3m的网状链条护栏，桥头附近设有方便行人休憩、避雨的凉亭等设施（图17.1）。历史上盘江铁索桥多次因战乱被毁而重修。

1936年，黔滇公路通车，国民政府为使贵州西部交通运输更加便利，对原铁索桥进行加固后继续使用。1937年11月20日，国民政府迁都重庆，致使西南、西北地区成为中国抗日大后方。随着战局的推移，贵州的战略地位更为突出，黔滇、黔川、黔湘、黔桂4条公路干线成为联系长江以南半壁河山的重要纽带。黔滇公路作为滇缅公路的延伸线，承接大量国际援华军用、民用物资运输。为了保持路线畅通，西南公路运输管理局重新规划建造盘江铁索桥，旧桥因新桥施工而被毁。新桥于1939年5月24日建成通车。新建的盘江铁索桥为1孔48m钢索吊桥，长50m，宽4m，净跨30m，载重量达10t（图17.2）。

图 17.1　初始盘江铁索桥全貌

图 17.2　20 世纪 60 年代长途客车经过

二、沐浴战火铁桥卫国

盘江铁索桥与西南交通大动脉"二十四道拐"一起，如同两把"巨锁"锁住了黔滇门户，成为二战中大后方的"咽喉"。盘江铁索桥稳稳地屹立在中国西南方，源源不断地将物资运输至内地战场（图 17.3）。当日本侵略者窥探到盘江铁索桥在转运中印公路、滇缅公路及驼峰航线盟军战略物资的决定性作用后，为使其陷入瘫痪状态，打乱中国的战局，多次派飞机轰炸盘江铁索桥。

图 17.3　早期盘江铁索桥

1940 年春，日军开始大规模轰炸。5 月 14 日，日军派出 18 架飞机，经广西百色窜到盘江铁索桥上空，投弹 7 次，爆炸弹 165 枚，燃烧弹 2 枚。由于盘江铁索桥建在高山深涧之间，较为隐蔽，日军所投炸弹均未击中桥梁，仅炸毁一栋房屋。后来日军连续派出飞机轰炸，日机连续投掷 300~500 磅高爆弹 9 枚，桥身中弹全毁。

1941 年 6 月 14 日和 27 日，日军侦察机两次飞临盘江铁索桥上空盘旋，当时盘江铁索桥渡口（今新桥处）正以渡船运人、车，抢修便桥。6 月 30 日，日军向渡口和便桥处投弹 8 枚，未造成人员伤亡。

盘江铁索桥被炸毁后，交通完全中断，运输线路彻底瘫痪，滞留在北盘江两岸的军需民用卡车已 1000 多辆，滞留时间长达 3 天之久。为尽快恢复交通，8 月 9 日清晨，当地军民齐心协力，奋力抢修，另有 200 余人的应急水勇队与船厂员工在北盘江上游 1km 处，采用人工轮渡方式运输。然而，因盟军（美国）援华物资运输车辆频繁，轮渡速度缓慢，无法满足转运需求。为解决这一问题，最终采用铺设浮桥方法，将 24 艘大木船放入盘江中，3只船一排，用铁链和缆绳把船环扣固定，用10cm余厚的木板铺成桥面，车辆及行人得以通行，暂时缓解了交通问题。

为了建造可长期使用的稳固桥梁，1942年，中国军民和援华美军对盘江铁索桥重新修建，将桥建成了钢索链式吊桥，全长103m、宽7.3m、净跨37m，载重由10t提高至15t（图17.4、图17.5）。桥塔为钢筋混凝土结构，桥身由19道钢梁架构而成。这些钢梁来自美国，钢梁上铺设128块厚约20cm的木块，木块宽度与当时雪佛兰3t卡车等宽，厚木上沿东西方向铺设两道木板供车辗行。桥墩由条石浇砌，虽经数十年泥沙冲刷，仍坚实如初。

图17.4 初始盘江铁索桥桥面

图17.5 在建的盘江铁索桥

令人惊喜的是，经历长期的环境荷载作用，铁索桥桥身的钢梁、钢缆索、螺口铆钉，依然圆润坚固，紧密无隙，就像中华民族精神一样历久弥新，顽强不屈。抗日战争时期，铁索桥抵挡住了日军一次次的狂轰滥炸，守卫着祖国西南后方交通线，将成千上万的物资运往抗战前线。

1942年春，抗日英雄戴安澜将军率领中国远征军第200师，从盘江铁索桥出发，进入缅甸对日作战，保卫当时中国抗战的生命线——滇缅公路（图17.6）。出发时，戴安澜将军慨然道："出国远征，原为扬大汉之声威，只须有一兵一卒，亦须坚守到底，决不负长官之期望。"1942年3月的同古大战，第200师以两团兵力迎击日军两个步兵联队，令强敌10余天未进一步，暂时稳定了不利战局。

图17.6 红军过浮桥

但此后，战局不断恶化，这位深陷敌后的孤军主将几乎独撑危局。第200师离开同古后喘息未定，忽闻棠吉不守，又奉命驰援。4月23日到达棠吉，次日即发起进攻，戴安澜指挥冲锋，25日即告攻克。随后，戴安澜率部转进缅甸西北突围，然而，横亘在面前的是2道河流和3条公路，均有日军重兵拦阻，每通过一道封锁线必经一场血战。5月17日，在突围途中，又与敌遭遇，激战达两昼夜。戴安澜为迅速通过，再次亲临一线指挥，不幸被敌机枪流弹击中。5月26日，这位智勇兼具的抗日名将，在缅甸茅邦村饮恨长辞！戴安澜将军的遗体也经由盘江铁索桥荣回故里。

在抗战史上，戴安澜的名字与中国远征军紧密相连。1943年3月，毛泽东在延安赋诗《五律·海鸥将军千古》，给予其崇高礼赞，云："外侮需人御，将军赋采薇。师称机械化，勇夺虎罴威。浴血东瓜守，驱倭棠吉归。沙场竟殒命，壮志也无违。"

结语：铁桥精神代代相传

如今，盘江钢索桥依然孑然地屹立在一江激流之上，虽不再是交通要道，但盘江铁索桥就像一位沉默的老兵，骨子里依然萦绕着不屈战魂。桥上钢梁虽生满黄锈，却袒露着壮士一般宁折不弯的骨骼；曲折的公路虽挤满深草，却依旧闪现着负重车辆奔驰向前的轮迹。盘江铁索桥抗战期间功勋卓著，在中华民族生死存亡的关头，扛起了整个滇黔地区的物资运输任务。这铁桥一次次浴战火重生，正如中华民族一次次于微末中崛起，在磨难中成长。这铁桥传达出的百折不挠、自强不息精神，也是我中华民族屹立于世界民族之林的强大底气。

中华民族是历经磨难、百折不挠的民族，困难和挑战越大，凝聚力和战斗力就越强，盘江铁索桥的一次次涅槃重生，是中华民族凝聚力和战斗力不断加强的见证。磨难中成长奋起是对中华民族苦难辉煌历程的深刻总结，经历磨难洗礼，中华民族更加紧密地团结在一起。中华民族就像一个经磨难却永不低头的斗士，以不屈不挠、自强不息的精神战胜各种强敌，繁衍发展至今。牢记历史，开创未来，这是我们肩负的责任。生于忧患，死于安乐，虽然我们生活在和平年代，衣食无忧，但不能因为眼前幸福而忘却国耻。历史因铭刻而永恒，精神因传承而不朽！

参考文献

[1] 晴隆县人民政府官网. 风雨沧桑盘江铁索桥 [Z/OL]. 2018-09-14 [2022-05-11]. http：//www.gzql.gov.cn/zwfw/bmlqfw/xxly/lyjd/201809/t20180914_10079167.html.

[2] 中国黔西南. 穿越历史的桥梁见证交通变化发展 [Z/OL]. 2021-07-09 [2022-05-11].

[3] 梁茂林.贵州"一带一路"的历史思考（下）——初探"开一线以通云南"的历史进程[J].贵阳文史，2017，（02）：44-46.

[4] 陈亚林.黔滇公路上的咽喉：北盘江抗战桥[J].当代贵州，2015（35）：52.

[5] 彭玉龙.抗日英雄谱之中国远征军[N/OL].解放军报，2015-09-08（8）[2022-04-28].

第 18 章
苟利国家生死以，岂因祸福避趋之
——衡阳湘江大桥

1937年衡阳湘江大桥开始修建，1943年底竣工通车。建成通车不到半年，衡阳保卫战打响。为了阻挡日寇渡过湘江，李知白将军又挥泪亲手炸毁了由他亲自参与修建的这座桥。抗战胜利直到衡阳解放后，大桥才完成再次修建。如今饱经风霜的衡阳湘江大桥，继续为铁路运输和城市交通默默奉献。

一、衡阳湘江大桥

衡阳湘江大桥坐落于湖南省衡阳市，是连接衡阳东、西市区的一座特大城市桥梁。为实现在湘江西岸的湘桂线建成后与在湘江东岸的粤汉线相连，1937年国民政府开始修建衡阳湘江大桥。因为资金不足，但又要联通粤汉、湘桂两铁路，于是选择在其上游380m处修建便桥，然而该桥桥面标高比湘江最高洪水位还要低，经常遭遇洪水，交通中断，遂于1942年12月决定修建正桥，翌年8月开工，于1943年底竣工通车。图18.1为20世纪40年代的衡阳湘江大桥。

图18.1　20世纪40年代衡阳湘江大桥

1949年10月，中国人民解放军占领衡阳，为加速进军广西，衡阳铁路局协同第4野战军铁道兵团，利用原便桥桥墩，架设军用梁建桥，于当年12月28日建成通车，限速运行。1955年9月，铁道部整修改造湘桂铁路时重建大桥，将大桥设计为双层连续梁桥式铁路、公路两用大桥，上层为公路桥，下层为铁路

图 18.2　1957年衡阳湘江大桥立面图

桥，大桥墩台均利用原破坏的墩台加固重建，并于1957年12月建成通车。公路桥全长643.15m，宽10m，其中行车道7m。桥面荷载设计汽—13级。铁路桥全长426.97m，正桥钢梁为连续梁，桥面为单车道。正桥两端各有公路引桥，东岸引桥长130.91m，西岸引桥长85.27m。全部墩台荷载按中—26级设计。图18.2为1957年衡阳湘江大桥立面图。目前，湘江大桥仍然承载着衡阳市内公路部分过江的车流，并继续承载着湘桂铁路的部分列车过江。

二、炸桥抗日保家卫国

1944年4月，日本动用41万人的庞大兵力，陆海空配合，发动豫湘桂战役，企图打通中国大陆交通线，通过中国大陆将日本和东南亚、西南太平洋战线连接起来，以挽救太平洋战场的危局。这是日军侵华以来在中国战场上最大规模的进攻。日寇于4月占领郑州，5月许昌、洛阳相继失守，6月中旬长沙沦陷，随后日寇向衡阳进犯。驻守的国民党军为防止日寇从此桥渡过湘江，保护桂林、柳州、贵阳以及重庆等西南大后方的安全，在日寇抵达衡阳前将该桥炸毁。

据当年目击者回忆，国民党军将2节火车车厢装满炸药，推至湘江大桥中心，并在每个桥墩上埋置炸药，然后引爆炸药，将桥炸毁。共毁坏2个桥台、4个桥墩，钢梁坠入湘江，并破坏了大桥两端路基，此时距离大桥建成还不到半年（图18.3）。据时任国民党湘桂铁路军

图 18.3　炸毁后的湘江大桥

事运输副司令的李知白将军的外孙回忆："我的姥爷亲身参与湘桂铁路衡阳至来宾段608km的修建，并亲自参与设计与修建了这座桥，我的母亲对当时该桥建成的通车仪式记忆犹新，她当时不满8岁，跟着我的姥爷一起乘坐了第一列火车通过了这座桥。"

衡阳保卫战打响之前，为了阻挡日寇渡过湘江，阻止日寇的"一号作战"计划的实施，李知白将军又亲自执行了该桥的炸毁行动，用2节车厢装满炸药，置于桥中心，并在每个桥墩上埋置炸药，然后引爆炸药，将桥炸毁。李知白将军一直保存该桥的设计施工图纸以及炸毁该桥时的炸药埋放点的图片，1955年逝世时又将这些资料留给他的家人，直至"文革"时期被抄家时遗失。抗战胜利后，因衡阳湘江大桥功能重要，国民政府决定进行修复。但修复工程艰巨，因资金不足、材料缺乏，多次开工修复又多次被迫停工，到衡阳解放仍未修复。

三、独领风骚大桥依旧在

自1957建成通车伊始，1988年以前，湘江衡阳段就这一座大桥，半个多世纪以来，衡阳公铁大桥一直承载着湘桂铁路的运输，也承载衡阳湘江两岸的交通。它为衡阳市以及湖南省和西南地区的社会经济发展作出了巨大的贡献。由于使用年限已久，且当初建造标准较低，再有车流量大，桥梁发生一定程度的损耗。另外该桥公路桥桥面窄，车道少，通行能力差，经常发生拥堵，渐渐成为衡阳市东西公路交通的瓶颈。而铁路桥只能承载单线非电气化的铁路，无法承载双线铁路，且未预留电气化条件，越来越难以适应社会经济发展对交通的要求。

1988年10月，衡阳市新建了衡阳湘江公路大桥，分流该桥公路车辆。2002年，又建成了衡阳湘江公路三桥，进一步缓解衡阳湘江段大桥交通的压力。2009年，衡阳市修建贯穿市区东西的衡州大道，在公铁大桥南侧6m处，修建衡州大道跨湘江公路大桥。该桥已于2012年投入使用，基本分担了公铁大桥的公路车辆。同时，湘桂铁路进行扩能改造，在衡阳新建湘桂铁路湘江特大桥。该桥随2013年12月28日衡柳铁路开通后投入使用，代替公铁大桥承担所有客运列车过江。

结语：保家卫国精神传

在那风云突变，硝烟弥漫，家国惨遭不幸的年代，挥泪炸桥体现了中国人民舍小家为大家的大无畏的精神。衡阳湘江大桥是中华儿女反抗日本帝国主义侵华的见证者，更彰显了中国人民在面对帝国主义侵略时，不畏强暴舍我忘我的伟大斗争精神。

衡阳湘江大桥虽饱经风霜，然而，它没有功成身退，仍然屹立于汹涌北去的湘江水中，用它老迈的身躯，继续为铁路运输和城市交通默默奉献，参与中华复兴之伟业。衡阳湘江大桥的红色故事不仅要讲好，其彰显的饱经风霜、默默奉献的集体主义精神更需要传承和发扬好。

参考文献

[1] 老百姓集桥. 衡阳市湘江公铁大桥 [Z/OL]. 2018-10-14 [2022-04-25].

[2] 唐存正. 衡阳市建设志 [M]. 长沙：湖南出版社，1995.

第 19 章
粉身碎骨浑不怕，深河阻敌显威名
——贵州独山深河桥

> 位于贵州省独山县的深河桥，是日军大规模军事进攻的终结地和侵华日军败亡的重要转折点，当年黔南事变独山战役和独山解放的发生地。立于桥旁山头的"黔南人民抗日纪念碑"，表达了世人对为国捐躯的抗日军民的崇敬之情，也显示了中华民族威武不屈正气凛然的强烈爱国主义精神。

一、贵州独山深河桥

贵州省黔南布依族苗族自治州独山县，位于贵州省最南部，北至成都、东通广西、西接云南，被誉为"西南门户""贵州南大门"，是贵州南部重要城镇，也是西部地区连接中、东部地区的开放前沿。独山古城曾数易其名，唐之前为"毋敛"，唐贞观三年（公元 629 年）改置"石牛"，宋初又称"中平"，但名定"独山"还得益于境内基长镇的"独秀峰"，该山傲然兀立，气势雄伟，山顶树木葱茏，有古刹亭阁，隐于朝霞夕雾之间，甚是壮美！清代文人蔡希端曾诗题《独山晓翠》，为独秀峰抹上一层浓郁的人文色彩。由此，"独山"之名便沿用至今。在独山县北的河谷有一座桥，名为深河桥（图 19.1）。

《独山县志》记载，深河桥在独山县城往北行 9km 处的深深河谷之上，为一孔石拱桥，桥高 16.35m，跨度 12m，桥宽 5.7m，全长 37m，桥墩高度 9.5m，建于明隆庆五年（公

图 19.1 贵州独山深河桥

元1571年），由独山乡绅吴世杨出资修建，清顺治七年（公元1650年）毁于兵燹。清康熙八年（公元1669年）由当地人蔡应星出资修葺。民国十五年（公元1926年）后成为贵州第一条公路——黔桂公路上的咽喉要地。该类桥梁能充分就地取材，与混凝土桥梁相比，可以节省大量的钢筋和水泥，其上部结构由主拱圈和拱上建筑组成，主拱圈是主要承重结构。历史上的深河桥，经历了太多的世事沧桑、时事沉浮，经年的战火硝烟，曾经几次被炸得粉身碎骨，又曾多次被修复利用。400多年的烽火岁月一次次摧毁了深河桥的身躯，但是深河桥阻敌的威名一直流传，成为一座历史的丰碑，成为红色革命遗址和红色文化的传承标志。

二、炸桥阻敌于深河

1944年秋，日军大举进攻长沙、衡阳，继而侵占桂林、柳州，并于11月底侵占独山、荔波、三都、丹寨等地。在入侵黔南境地短短半个月时间里，日军所到之处，大肆进行烧、杀、掳、淫，残垣断壁，横尸遍野，难民不计其数，村庄十室九空，这是日军犯下的又一震惊中外的侵华罪行，史称"黔南事变"。

黔南事变中，日军放火烧独山县城，大火燃烧竟达7个昼夜，从县城到深河桥10km路上，几百辆汽车残骸横陈竖列，千余具尸体倒卧路旁，仅掩埋尸体就持续3个月。县境内被日军杀害及冻饿病死民众19800多人，城内16000余栋房屋全部化为灰烬，直接财产损失达11亿元（折合1945年361.4亿元），使昔日的"小上海"顷刻间毁于一旦。

独山沦陷，意味着要北犯贵阳，为此，只得炸毁黔桂公路的必经之地——深河桥。当年一位美国盟军上尉富兰克接到任务，具体是通过破坏黔桂公路的桥梁和公路两旁的军火库并埋设地雷以实现迟滞日军前进的目的。他回忆道，在距离独山县城9km的地方有一座桥名曰"深河桥"。为了阻止日军北犯，他率领部下与中国军民一起，在深河桥布置炸药，炸毁桥梁。随着深河桥的炸毁，日军没能再北上。此后，日军节节败退，入侵西南腹地的妄想破灭，威慑陪都的计划宣告破产。自此，深河桥成为侵华日军败亡的转折点。

在独山与当地人民并肩作战，共同抗击日军的部队正是"七七事变"时在卢沟桥边打响抗日第一枪的29军（图19.2）。深河桥成为日军侵华战争"最后一枪，最后一站，最后一桥"被载入史册，"卢沟桥—深河桥"首尾呼应，被称为"北起卢沟桥，南止深河桥"。

图19.2 独山战役29军19师

三、"桥"见独山解放

抗日战争结束后，为了经济发展和交通便利，当地人民再次修复了独山深河桥。但是蒋介石国民党政府，不顾全国人民和平发展经济的利益要求，悍然挑起了全面内战，又将人民置于水深火热的战争之中。正当中国人民解放军以排山倒海之势解放大西南的时候，国民党军队为了阻止南下大军解放独山，又想炸毁它，但只把深河桥炸塌了一角，没能挡得住人民解放军的胜利解放之路。

1949年11月19日凌晨，中国人民解放军5兵团奉命解放独山。当时部队进入都匀独山交界处的阳公关，守军闻风而逃，深夜，我军进抵深河桥，并一举攻占。

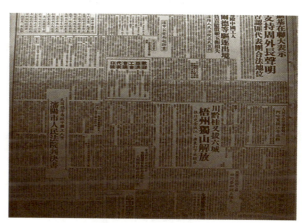

图19.3 独山解放报道

第二天清晨，人民解放军经过深河桥，直抵独山县城。除在火车站俘虏几名未及逃跑的破坏人员外，没有遇到任何抵抗。11月25日独山解放（图19.3）。至此，结束了贵州军阀和国民党势力长达30多年的统治。

结语：粉身碎骨彰显抗战志

深河桥，不是因高大雄伟闻名天下，而是因为桥上发生的悲惨壮烈的故事被天下人所铭记。深河桥阻止日军，与"七七事变"中打响抗日第一枪的卢沟桥南北辉映，显示了中华民族威武不屈、正气凛然的爱国主义精神。在解放贵州的战役中，深河桥又一次绽放了它的英姿，使其成了一座见证解放战争胜利的丰碑而彪炳史册。深河桥是正义的桥、人民的桥。

今天，我们走在深河桥上，再也没有了战火的硝烟、残酷的厮杀。桥下依然是潺潺流淌的溪水，四面依旧是苍茫葱翠的群山。黔南人民抗日纪念碑巍然耸立于群山之中。这用英勇的独山人血肉铸就的丰碑，是他们灵魂精神的象征，它积淀着独山人的历史、性格、情感、文化……，它曾伴随着独山走过了沧桑的岁月，也必将伴随着独山人创造新世纪的辉煌。前事不忘，后事之师。落后就要挨打，贫穷就要受欺。我们要高举爱国主义伟大旗帜，发扬抗战精神，团结一心，振奋精神，开拓进取，不忘初心，牢记使命，为实现中华民族伟大复兴的中国梦而奋斗。

参考文献

[1] 陆侦妮. 黔南事变与独山深河桥 [J]. 贵阳文史，2009，117（05）：23-25.

[2] 朱朝访. 抗日战争历程中的两座桥——"黔南事变"70周年祭 [J]. 贵阳文史，2014，144（02）：36-38.

[3] 张劲松. 河本大作为策划"皇姑屯事件"致矶谷廉介等函两件（1928年4月）[J]. 民国档案，1998，(3)：3-5.

[4] 潘晓东. 论黔南红色资源在《中国近现代史纲要》课中的运用 [J]. 黔南民族师范学院学报，2011，31（01）：87-90.

[5] 姚杰，赵文静. 景观叙事设计理念下的黔南独山深河桥文化园 [J]. 大观，2022，286（06）：69-71.

第 4 篇
星星之火可燎原，胜利荣光桥见证

　　本篇主要讲述桥梁见证了中国共产党发展壮大，最后走向胜利的故事。学习红军长征第一桥——瑞金武阳桥的光荣历史，使我们懂得"军民团结如一人，试看天下谁能敌"的道理；学习天津解放桥的百年沧桑史，使我们明白"落后就要挨打"的道理，激励着每个中国人顽强拼搏、自强不息地奋斗；学习河南王曲石梁桥的革命史、抗日史，就是要铭记继承与发扬抗战精神、爱国情怀、民族气节、英雄气概、必胜信念；学习南昌八一大桥屡毁屡建的斗争史，就是要铭记八一精神，铭记坚定信念、听党指挥、为民奋斗、百折不挠、敢为人先、勇于创新的革命精神；学习天津金汤桥的故事，就是要了解天津的历史与新生，继承"金汤桥连"舍生忘死、奋勇冲锋、红旗永远不倒、敢打必胜的战斗精神；学习叶挺独立团勇夺汀泗桥的光荣历史，是为了继承永远镌刻在桥梁里的红色基因；学习红军"飞夺泸定桥"的战斗史，就是要代代传颂"万里长江犹忆泸关险"，继承和发扬长征精神。

第 20 章
北伐先锋叶挺，汀泗捷铸铁军
——北伐革命汀泗桥

> 汀泗桥镇是湖北咸宁的南大门，也是通往武汉的必经要隘。北伐战争期间，为了打开通往武汉的道路，肃清湖北境内的军阀，共产党人叶挺率领的独立团所在的国民革命军第4军，从湖南进入湖北后，追敌至咸宁汀泗桥，与敌人展开了激战，经历血与火的洗礼，以共产党员为骨干、不怕牺牲、英勇善战的叶挺独立团，勇夺汀泗桥，赢得了"铁军"美名。岁月无痕，桥有痕。红色基因永远镌刻在桥梁的基因里，一直流淌在建桥人的血液中，见证了革命的历史、民主的决心，让我们承担起祖辈的意志。

一、入汉要隘汀泗桥

汀泗石拱桥位于汀泗桥镇，是汀泗桥镇上有文字记载最早的桥梁。汀泗桥始建于南宋淳祐七年（公元1247年），跨汀泗河衔接东西两街，桥东群山叠嶂，桥西湖泊密布，地形险要，成为兵家必争之地。

清同治五年（公元1866年），《咸宁县志》有"赤岗乡民建丁四桥"的记载，汀泗桥镇河东北的塔垴山下冯家院住着一位丁姓农民，因在家排行老四，人称"丁四"。平时荡船送人过河，遇上老人小孩或贫困者，概不收钱。闲时打草鞋卖。看到民众过往不便，他下决心在这里建一座桥。于是，省吃俭用，把钱存放在床底下坛子里，终生未娶。到了南宋淳祐七年，年迈的丁四将积攒的资金全部捐出，用于建桥。四乡八里群众很受感动，纷纷出钱出物出力，在渡口建起一座两墩三孔石拱桥。

两岸人民为了感激丁四，在东桥头和西桥头上镌刻了"丁四桥"。桥建成后不久，丁四就去世了。发了几次大洪水后，丁四桥安然无恙。人们在丁和四左边各加上三点水将"丁四桥"更名为"汀泗桥"，寓意纪念丁四老人，记载受惠者感激之情。1917年粤汉铁路武汉长沙段通车后，设有汀泗桥车站，汀泗桥交通位置尤为重要。1963年，湖北省博物馆派人考察汀泗桥，在主桥孔两块拱石上见到分别刻有"丁未淳祐七年仲夏建立""大明嘉靖二十六年重修"的字样,认为汀泗桥为湖北省仅存的一座宋代所建桥梁(图20.1)。1964年山洪暴发,滚滚洪流将汀泗桥冲垮。汀泗桥镇人民在原桥址上仿古重建汀泗桥。桥身全长31.2m,宽5.5m,高6.53m,主孔净跨9.2m,两边孔净跨7.2m。3孔连拱桥梁,石拱结构,棱形桥墩,八字桥台,桥面两边镶有精雕石栏。2011年4月,开始改建汀泗桥(石拱桥)为廊桥,2012年8月下旬,经历766个春秋、见证汀泗桥战役的汀泗石拱桥,穿戴一新:桥面匀称地安置48个0.5m高的精美石墩,稳稳当当地承起48根木柱,木柱上部采用檩子纵横连为一体,撑起8m高盖有布瓦的顶部(图20.2)。桥面全部铺了青石板,南北两侧设置了有靠背的条凳,可同时坐200人避雨、躲荫、纳凉、游玩。汀泗桥人民修复的岂止一座古桥?分明是在延续历史,打造汀泗桥形象,传承中华民族爱乡爱土精神!

图20.1　汀泗桥老照片

图20.2　改造后的汀泗桥

二、国共合作汀泗北伐

1926年,北伐军光复湖南后,直逼咸宁、挺进武汉,征讨盘踞在湖北的军阀吴佩孚。汀泗桥镇为鄂南重镇,是通往武汉的必经要隘。汀泗桥镇依山傍水,地势险要,易守难攻。镇东有一片山岗,吴军阵地设在最高的塔垴山上。汀泗河斜穿汀泗镇,沿山岗西脚流过,时逢大水,全镇三面被洪水包围,这样为吴军阵地西面造成了一道天然的屏障。吴军阵地东、南面地势较高,未淹水,有居高临下之便,北伐军想要攻破吴军,只能在东、南两面布置主力。通向吴军阵地的仅有汀泗桥,被吴军火力严密封锁,难以逾越。地形地势极不利于北伐军进攻(图20.3、图20.4)。

北伐军攻打汀泗桥的主力是第4军,包括叶挺独立团、独立团炮兵营(图20.5)。

1926年8月26日凌晨,第4军进攻部队分3路出击:其中一路是第12师35团为先锋、叶挺独立团炮兵营及师部相随;一路是第12师36团;叶挺独立团为预备队。上午10时30分,双方部队遭遇交火,至日落时分双方各条战线相持,处于胶着状态,吴

图 20.3　汀泗桥牌楼

图 20.4　烈士纪念碑

图 20.5　北伐进军

图 20.6　汀泗桥战纪遗址碑

军退守铁路桥东以火力封锁桥面，进攻部队前进受阻，吴军调遣援军。此日，河水暴涨，汀泗桥三面被洪水包围，水深河阔，进攻愈加困难。26 日晚，四军决定采取"全线夜袭，突破敌人高山阵地"和"绕道古塘角抄攻敌背后"的战术。27 日凌晨，第 10 师 30 团及叶挺独立团由当地农民作向导，从密林小路进至古塘角插入吴军后，将吴军截成两段。接着第 4 军发起总攻，各条战线号声突起，经过数小时激战，吴军全线崩溃，至 27 日上午 9 时，汀泗桥吴军被完全解除武装，整个战斗经历 22 小时 30 分。

汀泗桥结束后，叶挺独立团抓住吴军溃不成军、站立未稳速攻咸宁县城，令机枪连和特别大队火力掩护，叶挺亲率两营勇往直前，一举击退逃军，上午 11 时占领咸宁县城，吴军残部向武昌方向逃窜。

汀泗桥战役中，北伐军共俘虏敌军官佐 157 人，士兵 2296 人，缴获了大量的枪支弹药。北伐军牺牲将士 134 人，其中军官 5 名、战士 129 人。这 129 名战士中大多数是第 4 军 10 师 36 团、35 团的官兵，大多是广西、广东、湖南人，已知姓名和籍贯的有 61 人。鄂南人民将这 134 名北伐将士的遗骨安葬在汀泗桥的马家山（图 20.6）。

三、樵夫指路渡桥夜袭

传说，北伐军在汀泗桥之战正面强攻不下的情况下，由当地一位农民带路绕道塔垴山后面,最后前后夹击而取胜。有的说,这位农民是北伐军中的一位汀泗桥籍的连长;有的说是汀泗桥街上一位搬运工人;有的说是汀泗桥附近一位姓江的个子不高的农民;有的说是一位赌博输了的人;也有的说是咸宁县籍的农民;还有的说是附近蒲圻籍的农民。相关说法,莫衷一是。

鄂南文史学者陈大银,曾对汀泗桥、贺胜桥两桥决战的地方做过深入调查研究,对北伐军带路农民之事进行了反复考察、核实,他认为汪远福是汀泗桥之战中为北伐军带路的农民。

汪远福,祖籍蒲圻,出生于清光绪二十七年(公元1901年),中华人民共和国成立前已去世。早年,他在汀泗桥彭碑、赤岗、古塘角一带走村串户理发,对那一带道路比较熟。话说当年叶挺率领独立团到达汀泗桥的时候,已经有数千人牺牲。叶挺非常清楚要想从正面突破吴佩孚位于汀泗桥北塔垴山上的主阵地是一种幻想,于是安排几个先遣

图 20.7　北伐战士

人员到汀泗桥南对面山脚下去请农民带路(图20.7)。当年8月16日,先遣人员从魏家塘东跨铁路,往东南行5km多,来到梅家,想从当地农民那里打听一条路绕过敌军防线。这个时候,汪远福正在梅家给村民刚剃完头。

叶挺所派的先遣人员很温和寻路,尽管问话很温和,却问得汪远福心惊肉跳,要知道给兵带路是很危险的——带到目的地,为了保守军事秘密,很可能当场就会枪毙你;如果不带路的话,马上也可以要你的命。以前这里的村民给吴佩孚的军队带路就有这样的悲惨遭遇。

听说给兵带路,在场的人吞吞吐吐,有的怕给兵带路以后惹麻烦,也有的可能确实不知道具体地形。大家指着汪远福对叶挺所派的先遣人员说:"他是港北面的,对汀泗桥的情况熟,就请他带你们去吧!"硬着头皮,汪远福答应给北伐军带路,并对梅家的群众说:"这事请不要对任何人讲。"

双方约定傍晚出发。天渐渐黑了,叶挺独立团战士一进村,汪远福就放下理发工具,在前面带路。他们经过四甲王、袁家,跨过篾篰桥,出聂家港,穿过丝茅窝,在舒阔的对门山往西南方向进山。汪远福带着叶挺独立团沿着米埠垅上坡后,用手指着前面的山间小路说:"笔直上去是古塘角,那就是塔垴山的后方,你们自己上去吧。"

说完,汪远福转身就准备跑,却被叶挺叫住了。汪远福心想,这下完了。没想到,

叶挺对他说，"我们也不要你上去了，再上去就危险了，子弹不长眼睛。给你两块银圆，算作酬劳。再给你一张条子，证明你带路有功，如果我们胜利了，将来到北伐军来给你记功。"这下，汪远福心中的石头落了地。他与北伐军相互招呼后，就迅速朝原路返回。

叶挺独立团一下坡，就到了肖家街后山窝，即塔垴山北坡。至此，叶挺独立团共绕道20km，是汀泗河南岸铁路边至汀泗河北塔垴山顶距离的100倍。

再说汪远福并不愿意有更多的人知道自己给北伐军带路的事，偏偏在回来的路上又遇到了熟人成夕义。成夕义的眼睛不好，但耳朵很好，听出了汪远福是在给兵带路，就问他给什么兵带路。汪远福把成夕义拉到了一旁，用地方话说"千万不要声张"。成夕义于是很长时间也没有说这件事，秘密一守就守了近50年。

1926年8月27日凌晨2时，叶挺独立团冲向塔垴山北肖家街后山窝（图20.8）。塔垴山守敌除了少数值班的外，大部分在睡觉，有的敌人还以为摸黑冲到塔垴山上的独立团是援兵到了。就在这时，第12师师长张发奎的传令兵发射穿越高空的信号弹。霎时间，秘密潜伏在汀泗桥东洋旗垅、红花院、石拱桥、竹厂街一线山脚的第36团将士、潜伏在竹厂街口至汀泗桥小学一带的第30团将士、潜伏在汀泗桥镇林业站、马垴岭、猪血铺一带的第29团将士，纷纷冲上塔垴山。

图20.8　叶挺在汀泗镇的临时指挥部

敌人不知道北伐军从什么地方打进来，乱作一团。双方激战至27日凌晨6时30分，塔垴山主阵地和北面的米埠陈、米埠万、米埠雷、石鼓岭一带被北伐军占领。残敌跑上铁路，向北面的咸宁城溃逃。当日9时，吴佩孚苦心经营的汀泗桥防御阵地土崩瓦解，汀泗桥战役结束（图20.9）。这时，北伐军第4军司令部从魏家塘移至汀泗桥东街竹厂

图20.9　汀泗桥战役纪念馆

街附近。军部命令叶挺独立团、第 35 团追击向咸宁城溃逃之敌。

结语：英勇顽强铁军之桥

北伐战争是在国共合作条件下举行的一场反帝反封建的正义的革命战争，在汀泗桥战役中，北伐军广大官兵表现了高度的爱国主义和为革命勇于献身的精神，共产党人更是起了先锋模范作用。由共产党直接领导的，以共产党员为骨干的叶挺独立团发扬了不怕牺牲、英勇善战的风格，更是一支特别能战斗的队伍，他们为那场战争的胜利作出了出色的贡献。

抗战时期，继承铁军精神的新四军以英勇顽强的铁军精神，冲破日伪顽三股势力的疯狂围堵，战胜了各种艰难险阻，赢得了胜利。新四军铁军精神是一种意志和精神的体现，在汀泗桥战役就得到体现。如今在新的征程中虽然没有像新四军一样经历战火硝烟，但却面临经济、政治、文化、意识形态、改革发展等风险考验。想要解决现在发展面临的各种问题，就需要我们传承和弘扬新四军的光荣革命传统，开拓铁军精神的新境界。

参考文献

[1] 余玮. 汀泗桥战役始末及真相 [J]. 红岩春秋，2014（09）：56-60.

[2] 葛红梅. 以铁军精神涵育时代新人的实践逻辑 [J]. 教育科学论坛，2019（30）：55-58.

[3] 张志忠.《汀泗桥》的风土、风云和风情 [J]. 长江丛刊，2020（03）：14-16.

[4] 李杞华，赵酬，段雨生. 叶挺独立团奇袭汀泗桥占领咸宁城 [J]. 大江南北，2016（08）：13-16.

[5] 陈奕纯. 金戈铁马汀泗桥 [J]. 文苑（经典美文），2014（06）：64-66.

[6] 余意. 咸宁汀泗桥 [J]. 档案记忆，2021（08）：14-16+50.

第 21 章
红军长征第一桥
——瑞金武阳桥

> 江西省瑞金武阳桥,具有送别红军与迎接解放军凯旋的光荣历史,被誉为"长征第一桥",现已被列为全国重点文物保护单位。寒来暑往,岁月悠悠,武阳桥见证了万里长征悲壮起点,见证了中国人民解放军凯旋归来,见证了中华人民共和国成立以来社会主义建设取得的辉煌成就,也见证了我们党始终不忘初心、牢记使命的赤胆忠诚。

一、瑞金武阳桥

武阳桥横跨于江西省瑞金市武阳镇武阳村绵江之上,周围青山叠叠、绿水莹莹、芳草离离、林木森森、风景独好。特别是在桥头有一株百年樟树,古朴苍劲,欲与天公试比高。此桥具有送别红军与迎接解放军凯旋的光荣历史,现已列为全国重点文物保护单位。

武阳桥原本是几块木板搭建的简易小木桥,全长 110 多米,宽不足 1m。13 个木桥墩单薄地跨坐在河中央,20 多块木板简陋地铺在桥墩上。1930 年夏,武阳区游击队负责人杨斗文、刘国兴带领农民和游击队员,扛着梭镖,端上长矛,从武阳桥上杀进县城,活捉恶霸地主,第一次把红旗插在了桥头。此后,武阳工农群众在共产党的领导下,迅速地建立了红色政权,并在多次反"围剿"战斗中,不顾敌人阻拦、轰炸,一次次冲过此桥,送弹药、抬担架,支援红军战斗,为反"围剿"的胜利建立了不朽的功勋。

1933 年春天,毛泽东带领一批红军战士来到武阳桥(图 21.1),在武阳村绵江两岸调查指导当地的春耕生产,亲自帮助两岸群众犁田插秧。由于武阳工农群众在春耕生产中的模范作用,毛泽东亲自主持召开春耕生产动员大会,亲自授予武阳区和石水乡"春耕模范"奖旗。如今,春耕生产动员大会会址依然默默地伫立在武阳桥头,见证着革命的发展历程。

图 21.1　中央红军长征出发时经过的瑞金武阳桥　　图 21.2　改建后的红军长征第一桥——武阳桥

1988年，瑞金人民在距木桥原址约100m处，建了一座混凝土双曲拱桥。双曲拱桥是20世纪60年代我国江苏省无锡县（今无锡市）建桥职工首创的一种桥型，充分发挥了预制装配的优点，无需拱架施工，节省木料，加快施工进度。该桥长111.6m，宽6m，两侧镶着造型美观的护栏，犹如一条巨龙横跨在绵江之上（图21.2）。

二、武阳桥惜别红军

1934年10月，红军开始举世闻名的两万五千里长征。正在福建闽西战斗的红九军团为首批出发部队。10月8日，首发部队抵达武阳村绵江时，发现只有一座简易的小木桥，无法满足一万多人过河。炮火纷飞，绵江阻隔，情况万分危急，急需拓宽加固桥面，保障大部队快速过河。当地干部曾光林、邹光林等人得知情况后，分头挨家挨户进行宣传，动员乡亲踊跃捐献床板、木凳、布包、油桶等物品，准备搭桥帮助红军过河。当时，河岸边上有一户邹姓人家，儿子刚准备娶媳妇，按客家风俗新打好了一张婚床，搬进家里没几天，听说红军急需木板，二话不说就把床捐了出来。红军战士怕破坏了新婚的喜庆，就婉拒了邹姓人家的好意。"红军是工人农民的卫队，这句话刷在了村子的墙上，也记在了我们心里。婚床的木料虽然不多，但你们一定要收下。"邹姓人家的话，既感动了红军，也感动了在场的乡亲们。邻舍的一位老奶奶听完后，也连忙颤巍巍地拉住红军战士说："我家还有木料。"其实，这些木料是老人准备后事的棺木，红军战士感到左右为难。但老奶奶却说："我人老了，也看得开了。在死之前，能为红军作点贡献，这辈子也知足了。"夜幕降临，周边的青壮小伙们陆续赶来，他们一边打着木桩，一边低声喊着号："心里不要慌，眼睛看木桩。搭好红军桥，一起上前方"。日夜赶工，在绵江上紧急架起了一座木桥，由13个桥墩、20余块木板搭建而成，没有护栏，行人走上去摇摇晃晃。

当红九军团大部队过河时，桥身仍旧摇晃得厉害。上百名村民跳进河中，分别站在桥梁的两侧，用身体顶着晃动的桥墩，用肩膀扛着不稳固的桥板，甚至让红军战士踩着自己的肩膀渡河，这是一座坚强的"人桥"。10月的赣南，天气已经微寒，凌晨的河水浸漫身躯，凉意足以从皮肤沁入骨髓。可是，他们咬紧牙关，一站就是几个小时，腿站麻了，肩膀磨出泡了，有的人半个身体失去知觉，僵硬得不能挪动。但是没有人喊累喊苦，他们深情凝望着红军远去的方向，就像是送别自己的亲人。月光与火光交相辉映在绵江河上，画面永远定格在军民依依惜别情。红九军团撤离武阳渡河时，约有700名武阳儿女参加红军。红军队伍开拔之际，村民们又急急地送来煮鸡蛋、米果、炒豆、花生，塞进战士们的手里，还有的送来草鞋、斗笠和蓑衣，让红军战士们带在身上。《瑞金县志》记载，当时全县集中新谷5万担，草鞋2万双，被毯3000条，菜干2万多斤送给红军，组织群众为红军运输谷子17万担。1万多名红九军团的战士，在武阳人民的帮助下，顺利渡过了河，开始两万五千里长征。

许多年以后，当年的场景仍被亲历者一遍遍地讲述，他们讲到有的人当完"人桥"后生病发烧，讲到一处木桩突然折断，把几个撑桥人的腿砸伤了甚至有人落下了终身残疾，但是，没有人流露出一丁点的悔意。他们只有自豪，只有为自己曾经拼了命的付出感到欣慰。

1996年，原国家主席、中国工农红军总政治部副主任杨尚昆视察瑞金时，亲自前往武阳桥视察，亲笔挥毫题写"长征第一桥"（图21.3）。

图21.3 杨尚昆亲笔挥毫题写"长征第一桥"

三、武阳桥生逢盛世华丽升级

1949年8月，人民解放军凯旋归来，瑞金武阳镇老百姓敲锣打鼓，在武阳桥头夹道欢迎子弟兵。当时，瑞金全城欢声雷动，红旗迎风飘扬，大街小巷贴满了庆祝解放的标语。获得解放翻身的武阳人民，欢欣鼓舞，奔走相告："红军回来了"！"毛主席的队伍回来了，我们的亲人回来了"！从送别红军到迎接人民解放军凯旋归来，这15载，多少武阳大爷大妈站在桥头，眺望远征的儿郎，盼星星盼月亮，终于盼来了"一唱雄鸡天下白"，推翻了"三座大山"，武阳人民从此站起来了。

中华人民共和国成立之后，尤其是改革开放以来，瑞金经济社会稳步发展，人流物流剧增，而武阳桥是连接武阳村绵江两岸的交通要道。原来的木板桥已无法满足交通与经济发展需求，1988年，武阳桥在原址上重新修建，迎来了华丽升级。武阳儿女在这片烈士鲜血染红的土地上，开垦出成千上万亩精品脐橙园。随着一车车黄灿灿的脐橙源源不断地通过"长征第一桥"走向国内外市场，武阳人民打赢了脱贫攻坚战，全面建成了小康社会，武阳人民从此富起来了。如今，武阳人民乘势而上开启全面建设社会主义现代化国家新征程，又将从长征第一桥——武阳桥出发，走向新的胜利，新的辉煌！

结语：桥话军民如水情

站在今日武阳桥，回望过去的小木桥，"长征第一桥"的题词熠熠生辉，小木桥在吟诵"军民团结如一人，试看天下谁能敌""军爱民，民拥军，军民鱼水一家亲。"拥军优属、拥政爱民是我党我军特有的政治优势，坚如磐石的军政军民关系是我们战胜一切艰难险阻、不断走向胜利的重要法宝。武阳桥凝结的军民鱼水情值得我们永远铭记和传承。

站在今日武阳桥，回望过去的小木桥——回望来时的路，眺望前行的路，才能走好脚下的路。一切向前走，也不能忘记走过的路；走得再远、走到再光辉的未来，也不能忘记过去，不能忘记为什么出发，不能忘记长征第一桥——武阳桥，不忘初心，方得始终。

参考文献

[1] 新华社. 探访瑞金"长征第一桥"——一个军民鱼水情深的历史见证 [Z/OL]. 2019-06-14 [2022-04-20]. http：//www.mod.gov.cn/education/2019-06/14/content_4843582.htm.

[2] 瑞金网. 瑞金有座"永生的桥"，你知道吗？[Z/OL]. 2021-06-05 [2022-04-28]. https：//www.toutiao.com/article/6970263209697690119/.

[3] 澎湃新闻. 瑞金解放纪实：15载后重回人民怀抱 [Z/OL]. 2021-06-05 [2022-04-28].

[4] 刘航. 永葆"心中装着全体人民"的公仆情怀 [N/OL]. 解放军报，2014-03-20（2）[2022-04-28]. http：//www.81.cn/2014jyl/2014-02/25/content_5821710.htm.

第 22 章
红四军飞夺泸定桥，打通北上抗日道路
——大渡河上泸定桥

泸定桥是位于四川省泸定县大渡河上的一座悬索桥，是西南茶马古道的主要通道，因"飞夺泸定桥"战役而举世闻名，成为红军将士用鲜血染成的红桥。1935 年，长征途中的中央军团 22 位英雄冒着敌人的炮火爬铁链飞夺泸定桥，打开了红军长征北上抗日通道，谱写了中国革命史上和世界军史上"惊、险、奇、绝"的战争奇迹，粉碎了蒋介石南追北堵的计谋，为实现长征胜利奠定了坚实的基础。中华人民共和国十大开国元帅中的七位元帅经过泸定桥，朱德总司令在长征回忆时题词"万里长江犹忆泸关险"的诗句，充分说明了红军长征飞夺泸定桥的艰险与壮烈。

一、大渡河上铁索寒

泸定桥又称铁索桥，横跨四川泸定县大渡河，建成于明朝之前，现存照片如图 22.1 所示。大渡河自北向南，浪大水急，两岸谷壁陡峭，险峰兀立。泸定桥是大渡河上建造最早的一座桥梁。桥体分别由桥身、桥台、桥亭 3 个部分组成。泸定桥全长 103.67m，宽 3m；全桥共有 13 根铁链，每根铁链由 862~997 个铁环相扣构成，全桥铁件总重 40

图 22.1　四川大渡河上泸定桥

余吨,平均每根铁链重1.6t,每片木板块长3m、宽0.1m。

古代造桥大多数情况都因地制宜,但大渡河地处偏远山区,河宽百余米,终年水流湍急、深不可测,建造铁索桥的难度极大。修建泸定桥需解决铁索供应、铁索过河以及铁索固定难题。当时,泸定县一带不生产铁,铁匠稀缺,于是桥梁建设者远赴铁矿藏量大的荥经县铸造铁索。铁索出产后需衔接两岸,工人们曾尝试用羊皮筏子或船只运输铁索,但无法实现。最终,前辈们利用"索渡原理",在竹索上穿上10多个短竹筒后,再将铁链系在竹筒上,最后从对岸拉动已拴好在竹筒上的绳索完成铁索输送。铁索跨河后,人们在两岸利用大块条石修建坚固的桥头,然后在两端桥头挖掘深井,并且在井底用生铁浇铸横向"卧龙桩"和纵向"地龙桩"。最后,把所有铁链与地龙桩相连,铁链上铺设木板形成桥面,各铁链相互环扣成桥。踏上桥面,整个桥身起伏荡漾,如泛轻舟。泸定桥的设计与建造充分展现了古代人民的智慧光芒与科技能力。

泸定桥曾是大渡河上最长的铁索桥,有对联题道:"东环泸水三千里,西出盐光第一桥"。其建筑风貌独特,为中国和世界所独有。泸定桥有着深厚的历史文化和红色文化底蕴,对研究边疆发展史、藏区社会史和中国革命史等具有极高的科学价值。陈运和用诗《泸定桥》评价"人间从未望见这种桥,一座如此简陋的桥,一座十分惊险的桥,一座跨越激流的桥,一座飞跃峡谷的桥,一座用毛泽东诗词筑起万代牢固的桥,一座被新中国曙光照亮千秋永存的桥"。在漫长的历史中,泸定桥是中国四川和西藏之间茶马古道的交通咽喉,是中华边疆民族和睦、国家统一的安定桥,更以中国红军长征期间胜利飞夺泸定桥的伟大壮举和英雄业绩而名扬中外,并以"十三根铁链托起一个共和国"的壮美赞誉载入中国革命的光辉史册。

二、红四军团22名勇士飞夺泸定桥

1935年5月,红军已经成功完成了强渡大渡河的任务,原本以为可以凭借着大渡河的天险优势而摆脱后面穷追不舍的国民党军队。然而,数倍于我军的国民党仍旧牢牢地跟在后边,并且在桥对面构设了牢固的工事和重兵把守,试图在大渡河及泸定河之间彻底消灭红军主力。

原本刘伯承和聂荣臻商量着通过小船急速通过,因为这样可以最大程度上避免伤亡。但由于大渡河和泸定河之间的距离过于短,再加上当时可供航行的小船还不到10艘,所以这个方案也只能当场作废,最终的方案就是强夺泸定桥。红军眼前的泸定桥只剩下了光秃秃的13根铁索(图22.2)。为了彻底将红军堵死在此,国民党已经率先拆除了铁锁上的木板,之所以留下这13根令人胆寒的铁索,就是为了在极大程度上顺势消灭想要借助铁索爬过来的红军。

图 22.2　泸定桥铁索

担任此次夺桥任务的前锋部队是由王开湘领导的 1 方面军 2 师 4 团,作战计划大致可分为两步:其一,先行派遣部队绕到泸定桥对岸;其二,留下守军迎面对垒河对岸的敌军,这一来两面便形成了夹击之势,从而在吸引敌军火力的同时为爬索桥的红军战士赢得安全保障。次日凌晨之前,绝大部分红四团的官兵已经成功绕道对岸的敌军后边,伴随着团长王开湘的一声令下,泸定桥东西两方刹那间火光冲天。尽管已经绕到敌军后方的红军对敌军造成了很大干扰,但由于敌军部队事先已经设下重兵,再加上武器装备优良先进等原因,泸定桥这边的红军依旧没有机会前进半步。

万般情急之下,团长王开湘从部队当中挑出了 22 名身经百战的红军战士组成突击队。这 22 名勇士背挎大刀、腰间缠着手榴弹、手里拿着冲锋枪,就这样一个接一个地爬上了那 13 根颤颤巍巍的铁索(图 22.3、图 22.4)。在炮火和密集的火力点掩护遮蔽下,22 名勇士爬行到泸定桥较中间的部分时才被发现,彼时敌军的密集火力点瞬间转移过来,并在桥头的位置燃起了熊熊大火,企图彻底阻断红军战士成功渡河。尽管桥头燃起的火势越来越大,敌军扫射的火力点也愈发密集,22 名勇士在排头队长廖大珠的带领下,全都不惧生死地冲进了看似可以把人瞬间吞噬掉的火势当中。

图 22.3　22 名勇士爬上泸定桥

第 22 章 | 红四军飞夺泸定桥，打通北上抗日道路 —— 大渡河上泸定桥

图 22.4　红四军团飞夺泸定桥绘画

图 22.5　红军飞夺泸定桥纪念碑

激战了两个小时，守城的敌人被消灭了大半，其余的都狼狈地逃跑了，便奇绝惊险地飞夺了泸定桥，粉碎了蒋介石南追北堵欲借助大渡河天险将红军变成第二个石达开的美梦。红四团英勇地夺下了泸定桥，取得了长征中的又一次决定性的胜利。红军的主力渡过了天险大渡河，浩浩荡荡地奔赴抗日的最前线。

2016 年，泸定桥景区被评为中国国家 4A 级旅游景区，为中国著名的红色旅游胜地之一。整个泸定桥旅游区由泸定桥、泸定桥革命文物博物馆、红军飞夺泸定桥纪念碑（图 22.5）及其公园 3 部分组成。

关于泸定桥的文学艺术和爱国教育作品有很多，主要有：中小学语文课文《飞夺泸定桥》（图 22.6）、刘国枢画家创作的油画《飞夺泸定桥》、毛主席创作的七言律诗《七律·长征》，以及当代电视剧《长征》等。中国四川省甘孜藏族自治州泸定县当地依托红军飞夺泸定桥精神传承，创作了《泸定桥之歌》《情缘泸定》等双拥文化主题歌曲、小品、快板等作品；编写了《红军长征在泸定》《泸定桥三百年大事记》等红色文化主题书籍。

三、18 位勇士今安在

为了飞夺泸定桥，强行渡桥的 22 名勇士有 4 人壮烈牺牲，当时红军领导在泸定桥头给红四团及剩余的 18 名勇士颁发了锦旗。由于战事紧急和瞬息万变等多种因素，所

图 22.6　飞夺泸定桥图册

图 22.7　寻找飞夺泸定桥勇士途中的王永棉

以导致 18 名勇士的名字在很长一段时间内也成了一个谜。

中华人民共和国成立之后,"飞夺泸定桥"的故事深入千家万户,但完成这一历史壮举的 18 名勇士,现如今他们在哪里呢?一位名叫王永棉的基层干部在被调到泸定县搞建设的过程中,凭借着一己之力慢慢寻到了一些线索(图 22.7)。当时在有迹可循的寥寥书面材料中,只知道这 22 名勇士的带头队长名叫廖大珠,还有当时把他们亲自挑选出来的红四团指战员王海云。顺着这条线索,王永棉开始了为期 30 年的"寻英道路",最终 1975 年把目标锁定在了河北廊坊军区一位名叫刘梓华的同志。1985 年,在泸定桥战役 50 周年纪念日上,不远千里奔赴而来的王永棉在当初红四团政委杨成武的回忆中了解到,除了当年当场牺牲的 4 人以外,剩下的 18 名勇士在归队之后,他们又继续踏上了长征的征途,之后又走上了新的战场、参与了新的战争。

直到 2000 年左右,已经在"查证飞夺泸定桥 22 名勇士"这条路上行走近半个世纪的王永棉已经跑遍了整个中国,却只确定下来了 12 名勇士的名字,他们是:王海云、廖大珠、刘金山、刘梓华、赵长发、杨田铭、李友林,一个被称为"去贵川"的苗族战士,以及 4 位牺牲的勇士:李富仁、刘大贵、魏小三和王洪山。这些英雄,我们无一人熟悉,他们也无一人成为各级领导人,就连飞夺泸定桥的勇士廖大珠在中华人民共和国成立后也查找不到任何资料。有说法是牺牲于长征途中,有说法是牺牲于抗日战争中,但他们英勇的精神永远留存了下来。

结语：飞夺泸定桥精神代代传

站在激战后的泸定桥上，刘伯承元帅曾用脚重重地在桥板上连跺三脚，感慨万千地说"泸定桥，泸定桥，我们为你花了多少精力，费了多少心血，现在我们胜利了，我们胜利了"。朱德总司令在长征回忆中题词"万里长江犹忆泸关险"的诗句，充分说明了红军长征飞夺泸定桥的艰险与壮烈。

红军飞夺泸定桥战役铸就了"坚定信仰、甘为先锋、敢于牺牲、飞夺天险"的革命精神。22名勇士飞夺泸定桥，与其说是战斗，不如说是意志的较量，体现战士们坚强的斗志和燃烧的意志。飞夺是状态，是意志的体现。飞，速度快，如飞奔，天上飞；夺，抢夺，争夺，要牺牲。必须突破泸定桥这道生死存亡的天然屏障，才能生存。泸定桥是生死之桥，胜败之桥，明暗之桥，快慢之桥，宽窄之桥。泸定桥是中国革命历史的见证者，是西南茶马古道的里程碑，是中华民族智慧的结晶，是烈士用鲜血染成的红桥。

参考文献

[1] 腾讯网. 泸定桥又称铁索桥，位于四川省泸定县大渡河上 [Z/OL]. 2019-10-14 [2022-02-03].

[2] 冯春梅，卢晓琳. 飞夺泸定桥："十三根铁链托起一个共和国" [N/OL]. 人民日报，2016-10-18（1）[2022-02-23]. http: //www.81.cn/gnxw/2016/10/22/content_7316931_2.htm.

[3] 红色汇. 1935 年 5 月 25 日，中国工农红军强渡大渡河 [Z/OL]. 2020-05-25 [2022-03-23].

[4] 央视新闻. 再走长征路第 46 天 [Z/OL]. 2019-07-27 [2022-04-10].

[5] 网易号. 长征路上 22 人飞夺泸定桥，4 人牺牲 18 人神秘消失，40 年后真相揭秘 [Z/OL]. 2021-08-05 [2022-04-23].

第 23 章
大桥开启阻日军，百年开合解放桥
——天津解放桥

　　天津解放桥是一座开启桥梁，靠近天津市中心，北侧是重要的交通枢纽——天津火车站，南侧是当时的北方金融中心——天津中街，是战争时期的必争之地。100 年来，以坚固的钢铁身躯承受百年的战乱与风雨，历经开桥阻日寇，见证天津解放。如今，解放桥依然静静地横架于海河上，成为天津著名的景观。解放桥开启时刻更像是一场仪式，配合着海河的夜景和桥头不远处造型别致的世纪钟，无处不彰显着天津的多元色彩以及老牌工业城市的文化底蕴和中国人民顽强拼搏与自强不息的奋斗精神。

一、竖转式开启的百年解放桥

　　解放桥最初建于 1902 年，于 1923 年重建，1927 年正式建成。解放桥北连老龙头火车站（天津站旧称），南通紫竹林租界地。因当时的天津有英、法、俄、美、德、日、意、奥、比 9 国租界，故该桥原名为"万国桥"。抗日战争胜利后国民政府以蒋介石的名字命名此桥，将"万国桥"改为"中正桥"。1949 年，天津解放后正式更名为"解放桥"，沿用至今。

　　解放桥跨径布置为 24.232m+46.939m+24.232m（图 23.1、图 23.2），中跨为开启跨，桥面宽 12.2m，主桁左右各有 2.75m 宽的人行道。桥梁下部结构由 2 个桥墩、2 个桥台及台后挡墙组成。桥墩建在宽 8.5m、长 22.0m、高 6.0m 的沉箱上，沉箱下沉深度比河岸低 25.60m，河床承压能力不小于 $2kg/cm^2$，不计侧摩阻力。基础之上为 2 个直径 4.5m 的混凝土墩柱，柱顶用钢筋混凝土帽梁连接，固定支座安装在帽梁垫石上。桥台建在宽 4.0m、长 23.0m、高 10.0m 的沉箱上，桥台由混凝土浇筑，砌石镶面，翼墙及邻近堤岸用石块砌筑，活动支座安装在台帽垫石上。台后挡墙由混凝土筑成，基础建在直径 0.3m、长 13.72m 的木桩群上。

　　上部结构的 2 个边孔均为跨长 24.232m 的下承式简支钢桁梁，主桁中距 14.48m。

| 第 23 章 | 大桥开启阻日军，百年开合解放桥 —— 天津解放桥

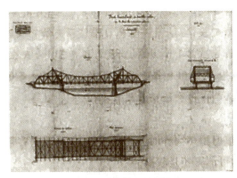

图 23.1　解放桥设计图纸

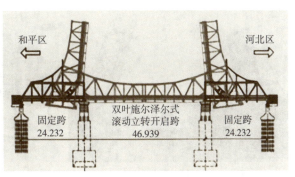

图 23.2　解放桥横断面图

中间孔是跨长为 46.94m 的下承式施尔泽尔（Scherzer）开启体系钢桁梁，主桁间距 13.21m。开启系统通过电动机输送动力，由齿轮组动轮、齿条、弧形梁、平衡重密切配合运动，将末端齿轮轴的水平移动转化成扇形齿在固定齿梁上的滚动，使桥梁有控制地徐徐向后仰起，完成桥梁的开启动作。桥梁开启后，两墩之间有 42.7m 的自由航道。解放桥为活动轴竖转开启，开启角度可达 89°。

解放桥最终于 1927 年建成（图 23.3），但该桥的设计者在民间一直众说纷纭，流传最广的一种说法是巴黎埃菲尔铁塔的设计师埃菲尔，但真的是这样的吗？经过作家方博的调查取证，可得知该桥的设计师应该是一位叫作白璧的法国工学博士，在 1927 年 10 月 19 日和 1929 年 4 月 15 日的《益世报》中均有记载，其中白璧所言"估价银七十万两，言定三年交工""保险至百年，桥身不毁"。即使知道设计师的名字，但关于设计师的出身仍然是个谜，这或许也是该桥的迷人之处吧。

图 23.3　解放桥

二、开桥只为阻日寇

1937 年"七七事变"发生之后的第 10 天，即 7 月 17 日，日本政府召开五相会议，决定调集 40 万日军，全面开始侵华战争。当时天津守军兵力很弱，受《辛丑条约》的限制，当时天津市内不允许驻有中国军队。虽然 1935 年张自忠将军调了部分兵力驻守天津，但实际上守卫在天津地区的兵力仅有 2 个旅和 1 个手枪团。被动挨打不如主动出击，1937 年 7 月 29 日凌晨 1 时，天津抗战的枪声在整个市区打响。日本兵营、日本飞机场、天津总站、东车站（今天津站）都湮没在炮火硝烟中。日军的援兵沿着海河北岸

图 23.4　日本军舰驶过解放桥

图 23.5　在天津站前集结的日军

向解放桥冲来（图 23.4）。假如援军冲过了解放桥，攻击东站的中国军队将面临腹背受敌的局面，攻势也将立刻被瓦解。然而就在这时，解放桥中跨之上的桥面在尖厉的警报声中徐徐开启，驻守法国租界的法国军队深知日本侵略者的暴行，以保护本国租界的名义，主动开启该桥，拒绝日军通过，为攻击东站的中国军队赢得了时间。在此驻守的中国军队不仅赢得了攻打东站

图 23.6　从英租界拍摄的天津站被日军飞机轰炸场面

的胜利，还能抽调出一部分兵力去增援兄弟部队。解放桥作为交通枢纽、咽喉要道，成为兵家必争之地。作为法租界的大门，解放桥是值得依赖的屏障。而侵华日军占领该桥后，又派重兵驻守，足见其战略意义之重要（图 23.5、图 23.6）。

三、"桥"见天津解放

1949 年之前，国民党守军在解放桥头修筑了坚固的工事，派驻重兵，把解放桥当作北翼守卫城南的最后一道防线。对于攻城的解放军部队来说，解放桥则是我军在河西、河东两大战区迂回穿插的唯一通道，同样是势在必夺的战略要地。1949 年 1 月 15 日拂晓时分，解放军东野一纵三师二团经过 1 天的激战，终于冲进市区，沿海河南岸插到了解放桥前。驻守桥头的国民党军仍在负隅顽抗。为减少伤亡，同时迅速攻下大桥，我军派出 1 个排的战士从解放桥上游 200m 处强渡北岸，准备从桥北攻击敌人，同时另 2 个排的战士猛攻桥南之敌。守卫大桥的是国民党第 94 军留守处的部队，装备精良，但是他们当时已经得知上游的桥梁失守，明白大势已去，军心涣散。看到解放军攻到眼前，而且还在渡河准备包抄自己的后路，便开始溃逃。这样一来，仅 20 多分钟，中国人民解放军只用了不足 1 个连的兵力，就击溃了人数众多、武器先进且有工事防御的国民党

守军，占领了解放桥。解放桥一役，共俘敌 50 余人，缴获汽车 80 多辆。解放桥看到了解放军神勇，也见证了这一战争的胜利。

结语：砥砺前行的百年之桥

如今，解放桥依然静静地横架于海河上，现在的解放桥更多地成为天津一道著名的景观，它备受瞩目的开启功能现在也很少开启，它的开启更像是一场仪式，只有每当重大节日时，政府才会选择打开解放桥的开启功能，配合着海河的夜景和桥头不远处造型别致的世纪钟，无处不彰显着天津的多元色彩以及老牌工业城市的文化底蕴。

对于天津来说，解放桥更像是天津及全中国这百年历史变迁的见证者。它以饱经风霜的钢铁身躯无时无刻不在警示着后人不能忘记那段"落后就要挨打"的屈辱历史，也在不断地激励着每个中国人顽强拼搏、自强不息地奋斗。

参考文献

[1] 单钰杨. 天津近代桥梁建设与城市发展研究 [D]. 天津：天津大学，2018.

[2] 张振学，张显杰，王成金等. 天津解放桥的修复与加固 [J]. 天津建设科技，2007（3）：41–44.

[3] 方博. 百年留踪 解放桥的前世今生 [M]. 天津：天津古籍出版社，2015.

[4] 天津市河东区政协文化体育和文史委员会，天津市河北区政协文史资料文化艺术委员会编. 津老龙头 中国最早的商埠火车站 [M]. 天津：天津古籍出版社，2016.

[5] 赵继华，于棣. 抗日烽火在天津 [M]. 天津：天津人民出版社，2005.

第 24 章
八一桥筑英魂度，华夏繁兴九州铸
——南昌八一大桥

> 南昌八一大桥始建于 1936 年，后经过改建，并于 1995 年在原桥上游 50m 处动工兴建新的八一大桥。抗日战争期间，为了阻止日军通过八一大桥进入南昌，1939 年 3 月 26 日被中国军队炸毁。1949 年 5 月，南昌城的国民党为了阻挡人民解放军过江，八一大桥又被炸毁。南昌八一大桥传承了中国共产党革命精神谱系中的不朽丰碑——八一精神，体现了坚定信念、听党指挥、为民奋斗、百折不挠、敢为人先、勇于创新的革命精神。

一、南昌咽喉要道八一大桥

南昌八一大桥原称"中正桥"，始建于 1936 年，桥长约 1100m，桥面净宽 7.92m，其中车行道宽 5.48m，两侧人行道各宽 1.22m，桥面材料全用洋松。南昌八一大桥主桥 28 孔，长 904.68m，南昌岸引桥长 38.24m，牛行岸引桥长 134.9m。原南昌八一大桥（中正桥）的桥墩和主梁都是钢结构，其钢材都产自于德国，1936 年 12 月底大桥整个工程全部竣工（图 24.1）。1937 年 1 月 1 日举行试车典礼。

1949 年 5 月 22 日，人民解放军解放南昌，中正桥更名为八一大桥。1955 年，八一大桥进行了改建。20 世纪 90 年代初，南昌市着手规划"一江两岸"的城市建设布局，

图 24.1　原南昌八一大桥（中正桥）

兴建新八一大桥随之提上了议事日程。而后确定新桥建在原桥上游50m处，桥型为两独塔双索面斜拉桥，新桥建成后旧桥即行拆除等事项。南昌八一大桥是1995年11月动工的，位于原桥上游50m处，全长3000多米，是江西第一座斜拉桥，也是南昌最长的一条斜拉索桥。大桥由主桥、引桥、匝道3部分组成，全长约6km，其中主桥1040m，桥面26m宽，双向四车道。大桥东起阳明路，跨越赣江，西接庐山南大道，北连昌北开放开发区，接昌九高速公路，是连接湘、鄂、皖及赣北各地的咽喉通道。1997年9月29日，大桥建成通车，成为南昌市的一大景观。图24.2为现在的南昌八一大桥。

图24.2　现在的南昌八一大桥

二、炸不倒的桥传承八一精神

日军侵占武汉后，为确保长江航道安全，截断浙赣铁路（杭州—株洲）交通，由第11集团军司令官冈村宁次指挥，调集军队7万余人进攻南昌。1939年3月17日，日军左翼第116师一部，在军舰及飞机支援下，由星子县攻击吴城镇至涂家埠阵地，守军第32军和鄱阳湖警备部队奋战8昼夜，吴城、涂家埠相继失陷，第32军退守南昌。3月20日由箬溪向武宁进攻，守军第8军、第73军激战9昼夜，武宁失守。20日晚，日军中路第106师、第101师在近300门轻、重火炮2h炮火准备后，由战车集团配合，从永修、张公渡间强渡修水河，遭第79军、第49军抵抗，22日突破守军防御后，在战车引导下连陷安义、奉新，1939年3月26日，日军战车队到达牛行，准备通过中正大桥直入南昌市区。大桥于当天上午11时20分被中国军队炸毁。据悉，当时炸毁正桥钢梁11孔，另2孔钢梁被炸坏，7座桥墩低水位底板以上部分也被全部炸毁。尽管如此，却未能阻止日军攻势，27日南昌沦陷。10年之后的1949年5月，中国人民解放军以摧枯拉朽之势强渡长江。5月22日凌晨，退守南昌城的国民党夏威兵团第46军主力不战自溃，趁天色朦胧弃城西逃,并炸毁八一大桥,以阻挡人民解放军过江追击。此次破坏程度比前一次更加严重。

"豫章故郡,洪都新府",王勃一篇《滕王阁序》,令南昌蜚声海内外。无边落木萧萧下,不尽长江滚滚来。八一大桥承载着八一精神,它所承载的八一精神继续激励中国人取得经济社会发展的新的伟大成就、激励中国人取得更多的创新成果,继续为中华民族的伟大复兴作出自己的贡献。

三、砌桥头雕塑促改革东风

对新八一大桥,人们议论最多的是桥头雕塑。北岸是一对铜铸的雄狮,分立桥的两边,十分威武雄壮。狮是兽中之王,象征"尊贵"和"威严",在民间更有"镇邪""避邪"之意。桥头狮,自不足奇。有特点的是,南岸桥头,雄踞的白猫、黑猫两座巨型雕塑。其底座比三层楼还高,每座重达100多吨。白猫用汉白玉制成,黑猫取材黑色花岗石。黑猫站立,双目圆睁,爪下压一只招财鼠,眼似仍在寻鼠;对面的白猫也不示弱,持弓身跳跃之姿,仿佛正扑向黑猫爪下的猎物。应当说,两只猫的雕塑,栩栩如生,刻画了不寻常的意境。图24.3为南昌八一大桥的黑猫白猫雕塑。

邓小平同志早在20世纪60年代引用家乡的一句民谚,"不管黑猫白猫,抓住老鼠就是好猫"。大桥一侧的黑猫白猫雕塑的灵感便来自于邓小平同志关于"黑猫白猫"的说法。南昌新建县正好在八一大桥的北岸,矗立在新八一大桥南岸的这对巨猫雕塑,为南昌改革开放注入新的动力,也可以作为对小平同志的一种纪念吧。改革开放的精神就此在南昌留下了深深的印记。风雨砥砺不忘初心,春华秋实继往开来。展望未来路,我们要以习近平新时代中国特色社会主义思想为指引,牢记嘱托、感恩奋进,努力在加快革命老区高质量发展上作示范、在推动中部地区崛起上勇争先,描绘好新时代江西改革发展新画卷。

图24.3 南昌八一大桥的黑猫和白猫雕塑

结语：炸不倒的桥传承八一精神——抛头颅洒热血、不断攻坚克难的八一精神

八一大桥总能让人想起南昌八一起义，想起无数的革命先烈为了国家抛头颅洒热血。在当今社会中，我们不仅要牢记八一南昌起义历史，还要了解八一精神的时代意义。"八一精神"是中国共产党和中国人民宝贵的精神财富，已成为中国人民克服困难、不断进取、谋求发展的不竭动力。大桥两次被炸，但都屹立不倒，见证了中华民族从积贫积弱到现在的国富民强的历史。大桥承载的八一精神将薪火相传，不断地激励着一代代有理想的中国人。

参考文献

[1] 佚名. 八一桥的城市记忆 [J]. 大江周刊（城市生活），2007（11）：18-22.

[2] 周曙. 南昌新八一大桥桥头雕塑 [J]. 创作评谭，1998（01）：65.

第 25 章
王曲百年石梁桥，桥上杀敌阻日寇
——河南漯河王曲石梁桥

> 王曲石梁桥（简称"王曲桥"）位于河南省漯河市临颍县台陈镇王曲村，结构简单且造型优美，最重要的是它见证了一段悲壮的革命史、抗日史。王曲桥上的抗日故事告诫我们，应当继承与发扬抗战精神：天下兴亡、匹夫有责的爱国情怀；视死如归、宁死不屈的民族气节；不畏强暴、血战到底的英雄气概；百折不挠、坚忍不拔的必胜信念。

一、王曲百年石梁桥

王曲桥坐落在河南省漯河市临颍县颍河故道上，是古官道的一部分。此桥的始建年代尚无定论，历经了多次天灾人祸损毁重建，现存的桥是清光绪十八年（公元1892年）在下游30m处由当地居民用原桥构件迁址重修。王曲桥是漯河市古桥跨数最多，桥洞净高最大，长度最长的石梁桥。桥长27m，净宽3.3m，

图 25.1　王曲桥桥面

共有13跨，每跨净宽1.5m，净高3.15m，桥墩全部用青石砌筑，每个桥墩依据青石厚度不同，分别由8块条石，9块条石砌筑而成，条石自下而上逐层后退；桥面每跨至少用5块青石铺装（图25.1）。

石桥形制宏大，结构完美，在桥的两侧设有精美石雕，下游方向雕龙尾，来水方向雕龙头，龙嘴内雕龙珠。丰水期，流水搅动龙珠，金石之声数里可闻，可惜现在只留残迹。曾多次察看、测量王曲桥的河南省土木建筑学会桥梁建筑文化研究中心专家表示：该青石桥结构合理，是保留至今难得一见的优秀的梁式桥（图25.2、图25.3），充分体现了古代工匠们的聪明智慧，具有较高的科学研究价值。

图 25.2　王曲桥下部结构

图 25.3　王曲桥上部结构

二、古桥修筑无私奉献情

由于此桥已有 200 多年的历史，经过数百年的沧桑巨变，关于王曲桥大量信息都已经难以考究了。有幸的是当地一位叫翟继宗的老人，一直在搜寻着这座古桥的故事。翟继宗，1934 年出生，临颍县台陈镇王曲村人，1952 年毕业于漯河师范学校，长期从事教育工作，曾任台陈联中校长、县政协委员。

关于这座桥的建造过程，翟老师回忆道：当时村里老人口口相传，说是裴城宋岗的闫善人出资修建的，当时宋岗闫家的油坊生意做得很大，来往多从王曲过河，就发起出资修建了这座桥。

建桥，放置现在不算难事，那个时代修桥要上山拉石头，一来一回就得好几天，一座小桥用的石头，两辆马车就要拉好几趟。闫家油坊掌门人召集八世兄弟商议重修王曲桥。重建的王曲桥在设计上风格独特，采用全青石建造。为了美观、坚固，桥墩设计为塔形，下宽上窄，独块条石对接（图 25.4、图 25.5）。为了节省开支，很多石材用的老桥石材，所以桥墩上用的条石有长有短，有薄有厚。为了减少阻力，桥墩迎水面为楔形。中间 4 个桥墩上面雕刻 4 条栩栩如生的巨龙，4 条龙形象迥异，龙尾花型不同，充分体现了闫家石匠的高超手艺。

桥上龙头朝水的上游，龙尾朝水的下游。4 条巨龙在洪水来时，张开巨口吞到肚里再排出去（图 25.6）！新修的王曲桥比老桥抬高了 3 尺，建成后，再大的洪水都没有淹没过桥面。

关于王曲桥建造的文献记载，翟老师说前几年发现了被埋在地下的"重修石桥碑记"。石碑因为被埋在地下而免遭破坏，碑文清晰，如今存放在古老的吉祥禅寺里。"重修石桥碑记"记载的是建桥缘由、经过及捐款官员的名字。虽然在石碑上没能看到闫家捐钱的具体数目，但从石碑由郾城生员撰文书丹可知老桥是由郾城、临颍两县协同合作修建的。

图 25.4　王曲桥细部构造　　图 25.5　王曲桥桥涵　　图 25.6　王曲桥的龙头（已损坏）

"邑西南去城十五里有镇名曰王曲，西枕颍水，落有石桥一座……又复损坏……时有孝台村陈君星竹，商桥镇田君春雨，目击心伤，忾然有重修之志，第工程浩大，财用难及，因募化四方，共襄厥事，鸠工元材，自光绪八年（1882年）二月中修，本年四月中告竣。"

"商户捐钱，官绅留名是历年来的老规矩，没有头面人物出面，这么大的工程也不好组织修建。"翟老师说，"王曲村的老百姓心里有数，历代相传的都是宋岗有个闫善人，捐钱修成的王曲桥。"

"找到确凿的文献记载，听到王曲人关于桥梁修建代代口传的故事，和闫家祖上的讲述互相印证，以供后人缅怀先贤，传承文化，弘扬'贫不弃富不淫，乐善好施，修桥铺路'的美德。"听了翟老师的讲述，看了关于石桥修建的石碑，仿佛重新回到了200多年前先辈们建桥的场景，全凭人力，凝聚众人的智慧，总结经验，吃苦耐劳，王曲桥才能够保存至今，依旧能够使用。

桥梁是经济发展的命脉，闫家兄弟在200多年前修筑了王曲桥，因为他们有着良好的品德——诚信、厚道、童叟无欺，我们应从古人身上学习这种高尚的品德；另外他们还懂得不断学习，积累经验，在第一次王曲桥倒塌之后，他们总结经验，修改桥梁墩柱形式，由原来的容易被水流冲垮的矩形结构，变成了上窄下宽的稳固的梯形结构；他们也懂得就地取材，将倒塌的旧桥石材重新利用，节省开支。这无一不体现出劳动人民艰苦奋斗、聪明肯干的优秀品质。

三、英雄桥上击杀日军

《临颍县志》记载，1927年，王曲村就成立了地下党支部。1944年，抗日战争胜利在望。不甘心失败的日本侵略者为防止本土遭受空袭，挽救其入侵东南亚的侵略军，决定打通中国大陆交通线，建立一条贯通中国大陆到印度支那的交通线，打击国民党军队的主力，集中兵力发动了豫湘桂战役。河南战役是日军发动豫湘桂战役的第一个阶段。1944年5月25日，洛阳沦陷，历时37天的河南战役结束，4万多平方千米国土沦于敌手。1944年5月10日，日军攻入舞阳县城，国民党县长刘馨吾逃至南部山区，漯河地区至此全部沦陷。

漯河沦陷后，日军在漯河的暴行激起了广大人民群众的仇恨。他们有的参加抗日游击队，拿起武器，同日军进行武装斗争。

在漯河王曲村有个抗日英雄李鼎新，他组织了100多名青年成立抗日游击队，开展了轰轰烈烈的抗日活动。抗日游击队在王曲桥上击毁2辆日本军车、打死2个日本人。

李鼎新同志，1905年10月21日出生于台陈镇桥口村一个贫苦农民家庭。1925年，军阀混战，盗匪蜂起，外敌侵略。这些外忧内患，弄得民不聊生，怨声载道。李鼎新为了救国救民，到县师范讲习所学习，与族叔李青峰等交往甚密，不断交流革命情况，1928年后经李青峰等介绍，加入了中国共产党，投入革命的行列。

此后，他在敌后机智勇敢地散发传单，张贴标语，夜间进行秘密活动，组织红枪会等，扩大抗日队伍。党组织看他积极主动、忠实可靠，就让他担任王曲党支部委员。1929年春，党组织被秦子枥告发后，风声紧急，李青峰、李鼎新、李喜龙三人一起把党的机密文件用麻绳捆好，绑上块大石头，扔到桥口寨西边100多米处的一口井内，确保了党的机密文件安全。

1939年秋，李鼎新转移到豫南，界首东边开展游击抗日活动，发展革命队伍，1944年4月6日，李鼎新受上级委派，带领任务回到临颍进行敌后抗战工作。

他带领队伍在王曲桥上袭击了日军汽车，同时积极扩大队伍，准备抄沟口敌人的老窝。农历4月14日被叛徒郭杨九告密，被捕送县。9天后日本人视李鼎新为土匪，李鼎新义正词严地说："你们来侵略我们，你们才是土匪。"

后来，日寇强以土匪罪判李鼎新死刑，枪杀在临颍城关东南街沙坑内。临行前日本人强迫他跪下，李鼎新说："爷爷不跪！"直挺挺地站着壮烈牺牲，时年39岁。李鼎新死后，敌人为了达到杀一儆百的效果把他的头挂在城楼上示众，这更激起人们的愤怒和仇恨。

李鼎新率领抗日游击队在王曲桥上抗战的故事一直被传颂，而这座桥也被称作"抗日桥""爱国桥"。一座古桥，见证了一段忍辱负重的革命史，也见证了先辈们的大无畏精神，他们军民同心、勇敢地与日本侵略者们战斗到底，以视死如归，筑革命胜利。

结语：古桥见证岁月辉煌

王曲桥自清光绪年重建以来，虽然如今的王曲桥已经不再是商道，但它的存在，就如同一位饱经沧桑的老人，给我们讲述他的辉煌岁月。虽然它现在只是小村庄门口的一座小桥，但在当地人的心中，它依旧拥有着它的使命与担当。

王曲桥哪怕经历了抗日战争也依然屹立至今，很多学者都拜访过这座古老的桥梁，因为其十分坚固耐用，结构简单且造型优美，最重要的是它见证了一段悲壮的革命史、抗日史，这就足以让我们铭记。

参考文献

[1] 网易号. 漯河：以史为鉴临颍台陈镇王曲村历史轶闻及其概貌 [Z/OL]. 2022-06-18 [2022-07-28].

[2] 尹晓玉. 百年风雨王曲桥 [N/OL]. 人民日报，2021-06-21（7）[2022-08-20]. http：//rb.lhrb.com.cn/html/2021-06/21/content_105990.htm.

第 26 章
万军东西英勇进，拦腰断敌红旗扬
——天津金汤桥

天津金汤桥的前身叫"东浮桥"。为了让电车通过该浮桥，天津电车公司决定把东浮桥改建为可开启式铁桥，并于 1906 年建成通车，命名为"金汤桥"。1949 年 1 月 15 日，解放军完成"东西对进，拦腰斩断"的既定战略，会师金汤桥上，天津战役胜利。百年金汤桥，承载着天津的风雨沧桑、兴衰荣辱；会师金汤桥，见证了天津解放、重获新生的历史时刻。2005 年，金汤桥得到了加固整容并修复了开启功能。2018 年，金汤桥入选为中国工业遗产保护第一批正式名录。金汤桥的故事，不仅映射出天津城市面貌的巨大变化，更是眺望着建设社会主义现代化大都市的美好未来。

一、平转式开启的金汤桥

金汤桥的前身，是横跨南开、河北两区的"东浮桥"，架在天津东门外的海河上。这座桥的始修历史可以追溯到 290 多年前。1730 年，担任青州运同天津分司职官的五品大员孟衍周到天津上任。当时盐税院在河的对岸，每天需要因公务往来海河两岸，可是海河水势汹涌，无论是过往行人还是盐务往来都需要摆渡，而且渡河极不安全，经常发生事故。孟衍周便把自己的薪俸捐出来修建了这座浮桥。浮桥由 13 条木船连缀而成，桥面铺设活动木板，初名"盐关浮桥"。又因桥在城厢东门外，故称"东浮桥"。当地百姓感恩孟衍周，也习惯称这座桥为"孟公桥"。此事在光绪末年《天津县新志》上记载："孟公桥在东门外，即盐关浮桥，其地先以渡船往来，时有覆溺之虞，雍正八年，青州运同孟衍周造此，居民德之，故名。"

1905 年，比利时商人开设天津电车公司，为了将电车通过浮桥直达老龙头火车站，决定把东浮桥改建为铁桥。经过一年的施工，于第二年铁桥落成，名叫"金汤桥"，取固若金汤之意。天津金汤桥是天津现存最早建造的大型铁桥之一，也是国内仅存的三跨平转式开启的钢结构桥梁。

1934 年，金汤桥因主桁架紧邻车道边缘部分长年积土，严重锈蚀，出现倾斜，危及行车安全，工务局请桥梁工程师蔡君简承担整修事宜。由于原桥钢材硫磷含量均远高于规定标准，可焊性很差，故改用铆焊结合之法。1970 年，天津市又对金汤桥实施过一次整修，全面顶升 1.2m，废除开启设备，并对桥梁锈蚀部分进行修补加固。

金汤桥经过百年使用，桥梁局部构件严重锈蚀损坏。为了保护具有文物和历史纪念双重价值的这座桥，近年来天津市按照海河综合开发的整体要求，于 2005 年在恢复设计原貌的基础上，对桥梁进行了加固整修，恢复了开启功能，同时在桥两头新建了钢结构的玻璃引桥，在两岸建设了主题性公园——会师公园。2018 年，金汤桥入选第一批中国工业遗产保护正式名录，其入选的理由是：天津最早、目前国内仅存的三跨平转式开启的钢结构桥梁，并且是象征天津市解放的标志性建筑（图 26.1）。

图 26.1　天津金汤桥

金汤桥采用平转式开启，是工程结构与机械设备的结合体。开启系统由活动跨两端分离机构、中心回转支承系统、大齿圈、机械传动系统、电气控制系统、过渡系统、电动集中供油系统、制动系统及限位开关等构成。开启过程为：首先，中断桥上通行，启动自动供油系统对主要支承构件施加润滑脂。其次，活动跨两端的分离机构向上移动，碰到限位开关即停止移动。桥跨与桥墩分离后便开始旋转，单程转动 90° 约需 10~12min。平转桥桥跨设置有两类：一类是平转支墩位于主梁中点，在转动过程中，桥梁上部结构处于中点固定、两端悬臂的平衡受力状态。另一类是当河道较窄时，不容许在河中央设墩，或者是航道偏向一侧，就需要将支墩移偏置，造成两侧悬臂长度的差异。为了实现重力平衡，需增加一个附加跨，并在附加跨上配重。平转桥在近代桥梁史上占据重要的地位，18、19 世纪，欧洲、北美先后进入运河及铁路交通时代，当时建造了不少此类桥梁。平转桥在路线标高受限及车流量不大的情况下，既能方便大船通行，又能同时满足跨河交通。进入公路交通新时代后，平转桥不能适应交通快捷要求，且维护工作量大，管养费用高，便逐渐淡出人们的视线。

二、东西对进胜利"会师桥"

确定金汤桥真正历史意义的是 1949 年解放天津时那幕激动人心的胜利会师。金汤桥也因此有了"会师桥"美名。天津战役是解放战争三大战役中的最后一战，在解放天津的攻城战中，金汤桥会师是一个关键，它标志着打通了天津市区的东西走廊，拦腰斩断了国民党守军的防御体系。在以金汤桥为会师地的天津战役中，中国人民解放军投入了7个军22个师34万兵力，从天津的东、南、西3个方向同时猛攻城防。由于东西主力夹击，南北部队助攻和佯攻，解放军在先后打开国民党守军防线10个突破口后，冲进市区向海河中段穿插进击。在纵深推进中，东面44军3个师被阻于中纺七厂（今小于庄一带），西面38军进展比较顺利，南面46军2个师被阻于前、后尖山。解放军是在逐街逐巷中迂回前进的，在强大的攻势下，国民党守军向第一线防御阵地金汤桥靠拢。

国民党守军在金汤桥附近设有碉堡等工事，因此金汤桥成为天津战役的必夺之地。夺取大桥的战斗非常激烈，1949年1月14日，38军113师338团距离金汤桥200m处时，遭到国民党守军装甲车的反扑。当日22时，38军112师335团8连的70名战士，打到金汤桥西侧，展开了激烈的争夺，24时左右占领大桥。这里还有一段插曲：38军112师335团8连的战士们进至金汤桥西侧时，得知附近就是国民党天津市警察局，于是8连留下一排守卫桥头，连长和指导员带领3排打进了警察局，冲进局长李汉元的卧室，迫使李汉元命其部下缴械投降。

1949年1月15日凌晨2时半，38军113师337团7连从鼓楼大街进击到金汤桥的西侧，经过激战攻占了金汤桥，并一直坚守到会师。44军132师394团凌晨5时左右在大桥东侧永安街与45军会合。45军135师403、404两个团，凌晨5时半从东面到达大桥。同时，39军116师348团也在5时半从西面到达大桥。而东西方向的主力部队，经过18个小时的拼搏，15日凌晨5时半，按计划在金汤桥胜利会师。此刻，国民党守军陷于混乱之中，最后被全部消灭。东西路大军按计划胜利会师金汤桥（图26.2），鲜艳的红旗插上了桥头，完成了"拦腰斩断"作战目标，切断了国民党守军的南北联系，打乱了其作战部署，彻底动摇了国民党守军的信心。此时，恰逢隆冬，海河被冰层覆盖。金汤桥桥面上、桥下的冰面上，数万指战员或举枪欢呼，或相拥而泣，或跳跃大笑。金汤桥就此成为天津获得新生的起点，成为象征天津市解放的标志性建筑。

图26.2 解放军胜利会师金汤桥

如今，一座"会师金汤"雕塑立在桥头。司号手高昂起头，吹响进攻的号角。顺着军号的角度仰望天际，激越的冲锋号仿佛就在耳畔响起。当年，攻打天津这样一座拥有200多万人口的大城市，对于人民解放军来说难度是空前的。天津地形复杂，市内被河流切成若干地区，周围又是沿海洼地，易守难攻。一条40余千米的护城河环绕天津。

寒冬腊月，每天都有守军前去凿冰破河。护城河旁的城楼上设电网，每隔20~30m就有一处碉堡。城池内外，有大小碉堡1000余座。战前，一首歌谣广为传唱——"攻打天津，天津修得好呀，城外有战壕啊，城内有碉堡啊……攻打天津，战士热情高啊，你写战书啊，我把决心表啊……"据考证，这首歌原曲是解放军进驻东北后创作的。随着东北野战军南下攻打天津的步伐，被改编为《攻城战歌》。将士们的决心和斗志，在高昂的歌声里淋漓尽致地展现出来。

今天，我们回顾这场战斗，再次对那些有勇有谋、不畏牺牲的解放军将士钦佩不已——34万攻城部队伤亡2万人，伤亡率仅6%，相比太原、济南等经过大规模城市攻坚战才获胜的战役，创下了伤亡率最低纪录。天津解放，大幅推动了北平和谈的进程。

三、"金汤桥连"英勇无敌

天津解放战役打响后，部队尖刀连——金汤桥连永远冲锋在前，旗手钟银根在护旗过程中，一枚炮弹落了下来，双腿一阵麻木，昏了过去。当他从短暂的昏迷中醒过来，一阵巨大的疼痛袭来。身下淌满了鲜血，他强忍疼痛想要站起来，才发现自己已失去双腿。炮火下，红旗数次倒下，他又数次将红旗竖起。他忍着巨大的疼痛，一点一点向前挪动，将身子重重地靠在一个斜坡上……他半躺在那里，咬着牙，用肩膀拼命地抵着旗杆。远远看去，他与旗杆融为一体，他的身体就是旗杆！枪炮声还在响着，战斗还在继续……"我是旗手，不能倒下，要让红旗为战友们引路！"这是奄奄一息的旗手留下的最后一句话。他倾尽所有力气，两肘撑地，用面颊顶着，把红旗高高举起。年仅16岁的旗手，在战友们的冲锋喊杀声中，慢慢闭上了眼睛。红旗永远不倒！在解放天津战役中，众多像钟银根一样的将士舍生忘死、奋勇冲锋，将红旗插上敌人的城墙、碉堡，插在金汤桥头。

在攻向金汤桥的途中，尖刀连队指导员不幸中弹，向战友留下一句"代我指挥"，便闭上了双眼。7连官兵拼死冲锋，多次击退敌人反扑，完全占领金汤桥，为攻克天津打开了一条通道。战斗结束时，战地摄影师给被授予"金汤桥连"荣誉称号的7连官兵照相，原本100多人的连队打得只剩24人。

解放战争、抗美援朝战争、边境自卫反击战……从金汤桥出发，"金汤桥连"官兵不断书写着新的胜利。2019年10月1日，官兵擎着"金汤桥连"战旗走过天安门广场，接受党和人民的检阅。金汤桥之战始终是连队最光辉的那面战旗，激励着将士们苦练杀敌本领，为人民而战，为胜利而战。巍巍金汤桥，连通今与昔。在桥上战斗过的将士，留给这座铁桥永不磨灭的红色印记；在桥畔生长生活的人们，铭记这段光辉历史，奋进在追梦的新征程。

结语：金汤桥故事现真情

百年金汤桥，历经风风雨雨，见证了天津的历史与新生。如今的金汤桥，没有了车来车往，人们正好可以一步一步拾级而上，凭栏追忆，细细感受时光的印记。桥上充满年代感的旧铆钉与桥畔会师公园内的纪念雕塑和坦克火炮一起，静静地诉说着70多年前那段光辉历史，提示人们不仅要倍加珍惜现在来之不易的幸福生活，更要深刻传承金汤桥中蕴藏的红色基因。

参考文献

[1] 卫雨檬，李伟欣，赵婉姝等. 会师金汤桥：一座城市的浴火新生 [N/OL]. 解放军报，2021-07-09（5）[2022-06-20]. http：//www.81.cn/jfjbmap/content/2021-07-09/content_293735.htm.

[2] 天津经济课题组，孟力，刘雯凤等. 解放天津会师纪念地——百年金汤桥 [J]. 天津经济，2014（11）：73-76.

第 5 篇
以史为鉴记国耻，桥梁强国再出发

本篇主要以桥梁为载体讲述中华民族不屈奋斗史和强国史。从"生受'跨'下辱，铭记苦难史"的辽宁省沈阳市三洞桥、到"水门桥上风云聚，志愿强军断敌途"的长津湖水门桥，一座座桥，一个个故事，有的诉说中国人民抵抗日军的侵略视死如归、血战到底的英雄气概，有的则创造了中国志愿军以弱胜强的典范，锻造了伟大抗美援朝精神。每一座桥不仅是作为交通要塞物化本身的存在，更是具有温度和灵魂且被劳动人民赋予了伟大的"中国精神"的存在。这些桥梁故事不仅展现了中国人民英勇顽强、舍生忘死的革命英雄主义精神，更体现了我国人民为了祖国和民族的尊严而奋不顾身的爱国主义精神。

第 27 章
生受"跨"下辱,铭记苦难史
——辽宁省沈阳市三洞桥

三洞桥位于沈阳市皇姑区与和平区的交界处,是当年皇姑屯事件和"九一八"事变发生地,为旧时"南满铁路"和"京奉铁路"的交叉点。如今桥下立有一块石碑,上书"皇姑屯事件发生地"8个大字,这8个大字虽然简单,但向世人无声地揭露了当年日本侵华战争的罪行,并时刻警醒着我们牢记历史,勿忘国耻。

一、沈阳皇姑屯三洞桥

三洞桥是俄国人为中东铁路专门所建的一座铁路桥,也是旧时和平区通往皇姑区的必经之路,始建于1912年,长度20多米,距沈阳老北站和皇姑屯车站分别为1.285km、1.326km。三洞桥为三跨铁路桥,由2座桥墩隔离开,桥下依次有3个通道,桥面铺设着3组铁轨,最初桥墩都由青石垒砌而成(图27.1)。由于北侧的一个桥墩是"皇姑屯事件"中日本关东军放置巨量炸药的地方,曾经被炸毁,后采用水泥重新修缮,导致桥

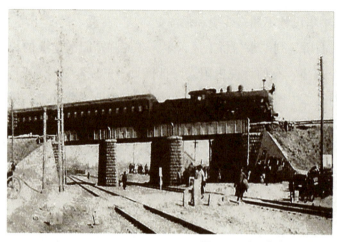

图 27.1 沈阳皇姑屯三洞桥

墩一半由水泥修筑,一半却是青色花岗石罩面,极不相称地站在一起。1997年10月15日,沈阳市人民政府在三洞桥旁立了一块石碑,并在碑上刻了"皇姑屯事件发生地"作为碑文。如今"皇姑屯事件"已过去90多年,三洞桥仍可见当初的模样。皇姑屯事件是日本关东军精心策划谋杀奉系军阀首领张作霖的事件,被视为1931年"九一八"事变的预演,被称为第二次世界大战的"东方导火索"。

二、三洞桥受"跨"下之辱

三洞桥的"三洞"来之不易。清朝末年修建从奉天到山海关的奉山铁路。但在1896年,俄国在中国境内修建中东铁路,还规定中国"不得将南满支路所经过地区之铁路权利给予他国"。所以奉山铁路的最后一站只能修到新民,进不了城,离奉天(沈阳)还有百余里。之后的日俄战争中,日本为了方便运送士兵和战略物资,把铁路从新民延伸到了离奉天站只有5里多路的位置,并在这里设了一个小站,用于卸下铁路上用的一些器械,或停车临时检修或补充。因地处皇姑屯村边,俗称皇姑屯车站。由于当时正处于日俄战争期间,俄国逼问清政府为什么擅自允许日本修建铁路,清政府迫于无奈,花费166万日元把从新民到皇姑屯这段铁路从日本手里赎回。

此时铁路已经修到了皇姑屯车站,算是进入了沈阳城,但是离沈阳城区还有最后一小段距离,若想将铁路继续延伸到城区就必须与南满铁路交叉。1904~1905年,日俄战争结束后,俄军战败,将南满铁路的经营权交给日本,日本开始修建南满铁路,从大连到宽城子(今长春),和奉山铁路有了一个交叉点。日本认为中国将铁路与南满铁路交叉,就意味着在日本满铁附属地上建铁路,"影响日本帝国的利益",修铁路计划只能搁置。由于当时沈阳叫奉天,因此把北京到奉天的这条铁路改名为了"京奉铁路",把这条铁路的终点站"皇姑屯站"改名叫"沈阳站"。

1911年,日本同意中国铁路修进沈阳城,签订了一个《京奉铁路有关延长的协约》,京奉铁路出了皇姑屯火车站后,"南满铁路线路抬高,在它与京奉延长线相交处架设立体交叉桥,使南满铁路线路由桥上跨越,京奉延长线由桥下通过"。当时日本规定日本经营的南满铁路在上面,而中国的京奉铁路只能从南满铁路的下面穿过,暗含屈辱的"'跨'下之辱"。

三、"桥"见喋血皇姑屯

1927年4月,日本田中义一上台后,向张作霖强索铁路权,逼张作霖解决所谓"满蒙悬案",从而激起了东北人民的反日怒潮。9月4日,沈阳两万人示威游行,高呼"打倒田中内阁"。在全国反帝浪潮的冲击下,以及张作霖本人的民族意识,奉系政府未能满足日本在"满蒙"筑路、开矿、设厂、租地、移民等全部要求，并有所抵制，这为日本政府所不能容忍，对他恨之入骨。

1928年春天，当时坐镇北京，担任中华民国陆军大元帅和安国军总司令的张作霖，由于内政、外交陷于绝境，致使北洋军阀的这个末代王朝处于风雨飘摇之中。4月初，国民党南京政府以实现国内统一为名，调动蒋、冯、阎、桂所辖的第1、2、3、4集团军，沿京浦、京绥各线北开，向张作霖在河南和京津地区的防地进逼。面对北伐军咄咄逼人的攻势，张作霖表示愿与国民军息争对外，退兵休战，一场眼看又要爆发的更大规模的战争被制止了。这本是好事，不料却引起了日本人的不满，驻京津一带的日军，连日调兵遣将，企图以武力阻止国民党军队北进。但由于张作霖的撤退，加之美、英等国也暗中支持国民军的行动，所以日本人也无可奈何。但是，日本人并未认输，军事行动失败了，就转向外交讹诈，声称他们允许国民军进驻平津，但必须平静地交接，不得诉诸武力。对张作霖，则由日本驻华公使芳泽递交了《觉书》，促其撤回东北。但他们的目的，并不是让张作霖继续统治东北，而是计划在张退返东北的途中，迫令奉军缴械，解除武装，逼张作霖下台；或者把他作为傀儡，而由日本作为东北的实际统治者。1928年6月2日，盘踞北京的"中华民国陆海军大元帅"张作霖见大势已去，发出"出关通电"，宣布退出北京回东北。

经过研究，日军最终决定炸死张作霖，认定巨流河铁桥是谋害张作霖最好的地点，为此特派其工兵中队长详细侦察附近情况，但发现奉军的警戒十分严密。日军最后选择了一个比较自由的地点，即南满线与京奉线交叉的皇姑屯附近的三洞桥。因为日本占领的南满铁路在桥上面，张作霖管辖的京奉铁路在桥下面，便于日军的自由行动，又有利于警戒。日军策划在张作霖回奉天途中，利用在关东军控制的南满铁路三洞桥处放置炸药，将张作霖炸死途中的阴谋。

张作霖离京回东北，日本关东军高级参谋河本大作已经为他布下"必死之阵"，在距奉天1.5km的皇姑屯火车站附近的三洞桥北侧的两个花岗石的桥墩上，分别放置约100磅的强力黄色炸药。1928年6月3日晚6时，张作霖离开北京大元帅府，乘坐汽车奔往火车站。6月4日5时30分，当张作霖乘坐的专车钻进京奉（北京至沈阳）铁路和南满（吉林至大连）铁路交叉处的三洞桥时，日本关东军大尉东宫铁男按下电钮，一声巨响，在第二节车厢和第三节车厢的结合部的上方轰然爆炸，三洞桥中间一座花岗石的桥墩被炸开，桥洞两边墙壁上的石块都崩塌了下来，桥上的钢轨炸得弯弯曲曲，抛上天空，火车头歪倒在一边，两节车厢都成了碎片，飞向四方，张作霖的专用车厢炸得只剩一个底盘。一行人有的被当场炸死，有的被炸伤，一时间血肉模糊、场面凄惨，而张作霖身受重伤，紧急被侍从们用汽车送回奉天的"大帅府"。回到家后军医们立刻对奄奄一息的张作霖施救,但张作霖终因伤势过重抢救无效,命丧黄泉,史称"皇姑屯事件"(图27.2),三洞桥也因此被写入了历史。有人对皇姑屯事件发生地"三洞桥"发出这样的感怀:"沈阳老立交,当数三洞桥。两洞跑火车,一洞人行道。桥龄百余岁,奉天耻辱标。生蒙'跨'下辱,陨落东北枭。国衰民心弱,百年外族扰。常记靖康耻,太平莫逍遥。及时当自强,等闲斩天骄。适逢大变局,强国乃英豪"。

图 27.2 皇姑屯事件

张作霖被暗杀后,奉系一时间群龙无首,人心惶惶,而日本人的态度则更加嚣张。驻扎在奉天附近的日本兵"皆擎枪持弹,通衢满架机关枪,中日交界处,置大炮十数架,炮口直向沈阳城"。1928年6月16日,1.8万名日军进行大规模操练,并四处高唱南满是我们的家乡之日本歌,词多侵略及胁迫之意,华人悲愤以极。面对日本人的频频挑衅,奉系的头面人物们决心稳定局势,秘不发丧,对外声称张作霖"身受微伤,精神尚好"。局面暂时得到控制,但这也不是长久之计,为了东北地区的长期稳定和奉系内部的团结,经过激烈讨论后决定推举张作霖长子张学良为新的继承人执掌奉系。张学良虽然年轻、资历浅,但长期执掌奉军最精锐的第3、4军团,还受到军中少壮派的全力支持,在张作相等人的推举下,张学良被推举为奉天督办,并顺利完成了政权过渡。6月21日,奉系对外宣布了张作霖的死讯,但此时东北局势已经稳定,没有给日本人任何可乘之机。

"皇姑屯事件"之后,张学良继任为东北保安军总司令,拒绝日本人的拉拢,坚持"东北易帜"(图27.3)。东北易帜成功地宣告了历时16年的北洋军阀统治的彻底结束,同时挫败了日本帝国主义企图肢解东北、图谋独占的阴谋诡计,维持了中国领土完整,为祖国统一和民族团结作出了贡献。

结语:彰往察来以洗"跨"下之辱

我国自主修建铁路的历史并不长,而且很曲折,三洞桥是当时具有重要历史意义的一座铁路桥,修建该铁路的时候,先辈们面对的并不只是困难,甚至还有"'跨'下之辱"。

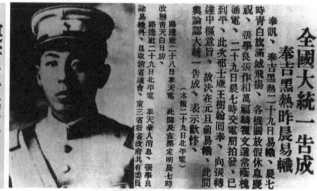

图 27.3　东北易帜相关报道

皇姑屯事件是日本帝国主义推行侵略政策的产物，此后日本帝国主义在各方面全面动员，阴谋策划得更加周密，终于发动"九一八"事变，达到了侵占东北的目的。

三洞桥虽然经过百余年风雨的洗礼，如今在沈阳城现代化的交通轨道、东西快速干道的映衬下，显现出了衰老与渺小。但是，三洞桥却永远伫立在那里，时刻提醒我们经历过的屈辱历史。吾辈要以史为鉴，面向未来，牢记历史，勿忘国耻，砥砺奋进。

参考文献

[1] 刘长江. 从侯城到沈阳——一部令世人瞩目的城市发展史 [J]. 中国地名，2009，（Z1）：7-9.

[2] 张洁. 日本分裂企图的破灭与中国的统一——再论"东方会议"与皇姑屯事件 [J]. 学习与探索，2010，（4）：232-236.

[3] 张劲松. 河本大作为策划"皇姑屯事件"致矶谷廉介等函两件（1928年4月）[J]. 民国档案，1998，（3）：3-5.

[4] 曾业英. 论一九二八年的东北易帜 [J]. 历史研究，2003，（2）：78-106+191.

[5] 马娟娟. 从张学良看"东北易帜" [J]. 传奇·传记文学选刊（理论研究），2010，（6）：52-53.

[6] 全鹜颉. 东北易帜的实现及其原因分析 [J]. 历史教学（上半月刊），2014，（5）：65-70.

[7] 王强. 中国铁路百年发展见证中华民族历史性飞跃 [J]. 西部学刊，2021，（16）：9-11.

[8] 傅志寰，刘忠民，李子明. 中国铁路百年发展与创新 [J]. 中国铁路，2021，（7）：1-7.

第28章
建桥彰显工匠魂，守京尽显爱国情
——永定河上卢沟桥

永定河上的卢沟桥位于北京市的西南方向，是进入北京的重要桥梁。卢沟桥上的小狮子栩栩如生，千姿百态，足以彰显建造者在建造时追求卓越、精益求精的工匠精神。这座古桥不仅拥有建筑价值同时也充满历史价值，卢沟桥事变是中国人民全面抗战的起点，中国军人与日军在大桥上厮杀，用血和生命抵挡日军的进攻，如今卢沟桥已远离战火的破坏，但是它仍立于永定河上向世人诉说着日军侵华恶行。卢沟桥不仅展现了从宋朝至清朝多个朝代不同的文化特征，还见证了日本帝国主义侵略中国的历史，更见证了中华人民共和国的不断发展与强大。

一、永定河上的千年古桥

卢沟桥是一座典型的上承式石拱桥，坐落于北京市西南约15km处，是北京市现存最古老的石造联拱桥。南宋淳熙十六年（公元1189年），卢沟桥始建，金明昌三年（公元1192年），卢沟桥建成，金章宗定名"广利"，因跨卢沟河（即永定河），改名为卢沟桥。明代自永乐十年（公元1412年）到嘉靖三十四年（公元1555年）共修桥6次。明正统九年（公元1444年），卢沟桥重修，并于明弘治三年（公元1490年）修复完成。清康熙三十七年（公元1698年），卢沟桥重修，康熙命在桥西头立碑，记述重修卢沟桥事。清乾隆十六年（公元1751年），卢沟桥建亭刻碑，将乾隆帝手书"卢沟晓月"4字刻碑立于桥头（图28.1）。

经过多次修整，桥梁最终全长266.5m（桥身213.5m，两端雁翅各26.675m），桥两侧雁翅桥面呈喇叭

图28.1 清代的卢沟桥

口状，入口处宽 32m，桥身总宽 9.3m（含地袱、仰天和栏杆），桥面宽 7.5m。其有桥墩 10 座，共 11 个桥孔，全以白石建造。桥身、拱、桥墩以腰铁牢固，桥墩平面呈平底船形，北为上游，是进水面，砌筑分水尖，状若船头，长 4.5~5.2m，约占桥墩四分之一。在每个分水尖的前端，各装有一根三角铸铁，边宽 26cm，锐角向外，以减轻洪流和冰块冲击，保护分水尖的稳定。在分水尖上面，又盖了 6 层分水石板，称凤凰台，下两层挑出，以上各层逐次收进，高 1.83m，既加固了分水尖的稳定性，又对桥墩的承载压力起到了平衡作用。拱道由两岸向桥中心逐渐增加，拱圈跨径从 12.35m 到 13.42m 不等，中央微微凸起 93.5cm，东西两端拱圈各 11.5m，中间拱圈 13.42m。中心主桥孔跨度 21.6m，余孔渐收，近岸孔跨度约 16m。桥面略呈弧形，两端较低，中间隆起，主要是用天然花岗石巨大条石铺设。卢沟桥桥下河床铺设几米厚的鹅卵石和石英砂，整个桥体砌筑其上十分坚实稳固。

二、卢沟桥上的石狮子

卢沟桥两侧桥栏有石雕栏 279 块，望柱共 281 根，在桥的南侧有望柱 140 根，北侧有 141 根，桥两端作为抱鼓石用，东端是两头大石狮，西端是两头大石象，身躯硕大，憨态可掬（图 28.2）。望柱间距约为 1.8~2m，柱高约为 1.4m。柱间各嵌石栏板，栏高约 0.85m。每根柱头均雕有大石狮，共 281 个，大狮身上有小狮 198 个，顶栏上 2 个，华表上 4 个，大小总计 485 只。如果不仔细数，这些狮子的确很难数清。卢沟桥望柱石狮跨越数个历史时期，体现出不同时代的石狮风貌，金、元、明时期的石狮粗犷古朴，清代石狮繁复精细……它们千姿百态、异彩纷呈、变化多端。它们有大有小，

图 28.2　卢沟桥上的石狮子

有雄有雌，大的有几十厘米高，小的只有几厘米，小的狮子甚至连鼻子眼睛都看不清；雌的戏小狮，雄的弄绣球。

它们的样貌与动作也各不相同，有的蹲坐在石柱上，好像朝着远方长吼；有的低着头，好像专心听桥下的流水声；有的小狮子偎依在母狮子的怀里，好像正在熟睡；有的小狮子藏在大狮子的身后，好像在做有趣的游戏；有的小狮子被大狮子用爪子按在地上，好像一个犯了错误的孩子；还有的小狮子蹲在那里仰望星空，爪子还拖着脸蛋，仿佛在思考什么。有些狮子的嘴巴能容得下正常人的一只手，它们的牙齿表面非常光滑，牙齿上的小黑点就如颗蛀牙般长在石狮子嘴里。牙齿上面的斑纹，好似肉的碎屑，红红的，

粘在牙齿上，让人们觉得这些石狮子既可爱又凶猛。如此壮观的景象足显雕刻师在制作时的深思熟虑。马可波罗游记对卢沟桥是这样评价的：说它"是世界上无与伦比的"，并且特别欣赏桥栏柱上刻的狮子，说它们共同构成美丽的奇观。

三、卢沟桥事变激起全民抗战

七七事变是日本帝国主义为实现它鲸吞中国的野心而蓄意制造出来的。1937年7月7日晚上7时30分，驻丰台日军河边旅团第1联队第3大队第8中队，在卢沟桥以北地区举行以攻取卢沟桥为假想目标的军事演习。22时40分，在日军演习的地方传来了几声枪响，谣传有一名日军士兵"失踪"，日方立即提出要求日军马上进入中国守军驻地宛平城进行搜寻，但此要求遭到中国第29军第37师第110旅第219团团长吉星文拒绝。同时一条命令也从负责宛平防务的第29军军部发出："凡是侵华日军进犯，坚决抵抗，誓与卢沟桥共存亡，不得后退一步！"发出这一命令的，正是第29军的副军长佟麟阁。

日军一方面准备开战，另一方面因"枪声"和士兵"失踪"，与中国方面交涉。冀察当局宋哲元与日本驻北平特务机关长松井太久郎接通了电话。机关长称：演习时听到枪声并发现有士兵失踪，日方认为杀害日军士兵的肇事者已经潜入北平城内，希望派遣日军进城搜捕，中方以当时正是深夜，日兵入城，打扰百姓正常休息为由，予以拒绝。不久，机关长松井太久郎又打电话给宋哲元：若中方执意反对日军入城抓捕，日本当局将以武力强行进城搜查，直至抓住放枪者。

同时，卢沟桥守军发现日军已包围宛平城，随时都有发起攻城的可能。冀察当局为了防止事态扩大，经与日方商议，双方同意协同派少量人员进城调查此事。此时，日方声称的"失踪"士兵已归队，但日军并没有向中方报告，仍向中方派遣专员。7月8日凌晨，日军向宛平县城发动炮击，中国第29军司令部立即命令前线官兵："确保卢沟桥和宛平城""卢沟桥即尔等之坟墓，应与桥共存亡，不得后退。"守卫卢沟桥的第29军第219团第3营在团长吉星文和营长金振中的指挥下第一时间发起反击，进行顽强抵抗（图28.3）。

面对日军进攻，金振中带领3营奋起反击。他们利用工事掩体，从7月8日凌晨到10日夜先后击退日军5次进攻，除了部分外围阵地丢失外，宛平县城和卢沟桥西岸阵地均还在3营手中。10日夜，第29

图28.3 卢沟桥上的军队

路军后方支援赶到。金振中将防务交接后，决心亲率大刀突击队夜袭刚刚丢失的铁路桥东岸阵地。

11 日凌晨 2 时，大刀突击队借着夜色摸进铁路桥东岸阵地。金振中先是指挥大刀突击队战士，使用手榴弹杀伤大量阵地里的日军，在日军惊魂未定之时，抄起手中的大刀冲入阵地与日军展开厮杀。一场激战后，虽然大刀队夺回了阵地，但自身伤亡也十分惨重。战后清点人员，金振中带领的大刀突击队牺牲了四分之三的战士，而金振中在追击逃敌时也遭偷袭，身负重伤。

结语：卢沟桥见证抗战精神

卢沟桥上的石狮子形态各异，栩栩如生，每一只狮子都是经过雕刻者的精雕细琢，每一个狮子都是一件艺术品，雕刻者在雕刻时秉持着精益求精的工匠精神，尽心尽力将每一个小石狮子雕刻得活灵活现，充分展现了他们高超的雕刻技术和认真细心的工作态度。这种精益求精的工匠精神是社会文明进步的重要尺度，是中国制造前行的精神源泉。在这个新时代，我们应继续大力弘扬这种工匠精神，不断提升中国制造国际影响力。

在卢沟桥上，虽然敌我双方人数、装备相差悬殊，但是中国军队用大刀杀敌卫国，即使付出生命的代价，仍然不断抵抗日军的侵略，这种视死如归、血战到底的英雄气概不仅展现了中国人民英勇顽强、舍生忘死的革命英雄主义精神，更体现了我国人民英勇不屈、顽强抗争、前赴后继、不畏牺牲的抗战精神。这种精神在战争时期激励着中国人民在卢沟桥上同敌人作斗争，在和平时期更会激励着一代又一代人建设社会主义现代化强国。

参考文献

[1] 杨道麟，徐昌才. 试论经典应用文的教育策略 [J]. 玉林师范学院学报，2023，44（01）：78-87.

[2] 高丽. 明清石雕文物的艺术特色和人文价值研究 [J]. 文物鉴定与鉴赏，2022，242（23）：110-113.

[3] 一苇. 卢沟桥的狮子 [J]. 广东第二课堂，2021（9）：10-11.

[4] 刘涵. 初中语文统编教材选文标点符号加工现象研究 [D]. 上海师范大学，2021.

[5] 金华. 基于史料研习和课程关联的综合性学习主题设计初探——以"卢沟八百年"为例 [J]. 课程教学研究，2020，105（09）：44-51.

第 29 章
抗日远征烽火线，南洋机工血肉桥
——中缅边界畹町桥

畹町桥位于瑞丽市畹町与缅甸九谷镇之间。抗日战争爆发后，我国连接海外的口岸及交通要道先后沦陷，国际军事物资运输濒临断绝，位于中缅两国界河上的畹町桥便成为中印公路的重要交通枢纽。通过畹町桥，南洋机工和中国远征军奔赴缅甸战场，保卫西南抗战资源大动脉的安全。畹町桥见证了中国人民艰苦卓绝的历史，更见证了中国人民无畏艰难和众志成城抵抗外敌的抗战精神。

一、中缅边界畹町桥

"畹町"系傣语音译，"畹"意为太阳，"町"意为当顶或中天，"畹町"即指"太阳当顶的地方"。史籍资料中也有译作"宛顶""碗顶""畹甸"。畹町位于瑞丽市东部，北、东北与芒市接壤，南隔畹町河与缅甸相邻，国境线长 28.646km，距瑞丽市 23km。历史上的畹町是南方丝绸之路的主要驿站，1938 年滇缅公路开通后，从此成为我国通向东南亚、南亚和印巴次大陆的最便捷路线。

在 1928 年至 1993 年的 65 年间，在位于瑞丽市中缅两国的界河——畹町河上，同一位置先后共修建过 4 座畹町桥。

1928 年，为方便来往缅甸，芒市土司和遮放土司商讨，征调民工分段负责修筑从芒市至畹町的简易公路，与缅甸腊戌公路连接。同时，在畹町河上修建一座仅供行人、马帮通行的木板桥——畹町桥前身。1938 年 8 月，滇缅公路建成通车，同期在畹町河建了一座单孔石拱桥——第 1 座畹町桥，主要用于运输抗战物资。1944 年 5 月，中国军队发起滇西反攻。1945 年 1 月 20 日，畹町收复，拱桥毁于战火。同月，中美工兵联合搭建了一座贝雷式钢架桥——第 2 座畹町桥，桥高 9m、宽 5m、长 20m（图 29.1），1979 年修葺加固。1993 年，为满足中缅两国贸易需要，在旧桥旁边修建了现通行使用的提篮式钢筋混凝土桥——第 3 座畹町桥，旧桥被保护起来。

图 29.1 中美工兵联合搭建的贝雷式钢架桥

图 29.2 畹町桥桥碑

畹町桥将中国畹町和缅甸九谷市两座边城紧紧连在一起，形成"一桥两国"的格局。2005 年，当地政府为纪念滇缅公路开通 67 年和抗战胜利 60 周年，在畹町桥头分别建立了一座桥碑（图 29.2）和一座"滇缅、中印公路交汇点"纪念碑。2019 年 10 月 7 日，畹町桥入选第八批全国重点文物保护单位。

二、舍家为国桥见南侨

谈及畹町桥，绕不开滇缅公路，更不能忘记南侨机工。80 多年前，他们穿梭于滇缅公路，往返于中缅两国，为抗战胜利作出重要奉献。

1937 年 11 月 2 日，由行政院拨款 200 万元，国民政府正式下令龙云，限期一年修通滇缅公路，打通国际交通线。同年 12 月，滇缅公路正式开工。1938 年 1 月，随着战争逐步由东南沿海平原向西南高山地带延伸，国民政府开始修建险峻崎岖的滇缅公路。1938 年 8 月底，滇缅公路竣工通车（图 29.3）。滇缅公路自云南昆明至缅甸腊戍，全长 1146.1km，其中云南段 959.4km，缅甸段 186.7km，内可连接川、康、黔、桂四省，外可通曼德勒、仰光，成为战时我国西南大后方连接东南亚的唯一国际通道，海外军需、药物等物资均依靠此路运输。1938 年 10 月，武汉会战结束后，日本被迫停止在中国战场的攻势，中日战争进入相持阶段，日本对外扩张方式逐步由大陆向海洋转变，即由北进改为南进。日本希望通过夺取缅甸、法属印度支那等地，切断援华国际通道，动摇中国抗日战大后方，迫使重庆国民政府屈服。

由于滇缅公路沿线地势险要，路途崎岖，环境恶劣，需要技术娴熟的机工方可胜任运输任务。然而，当时国内战

图 29.3 滇缅公路

事频发,民不聊生,技术熟练的机工十分匮乏,短时间召集训练大量机工远不可能。于是,国民政府军事委员会西南运输处主任宋子良致电"南侨总会"主席陈嘉庚,希望他代表国家招募有才能的华侨回国服务,救国家于危难。1939年2月7日,陈嘉庚发布《南侨总会第6号通告》,并在报纸上刊登广告,号召机工回国服务国家,共拯危亡(图29.4)。呼声一出,海外华侨积极响应,3000余名华侨踊跃报名,报效国家。事后,陈嘉庚先生在《南侨回忆录》中这样描述:"有一修机工在南洋十年,每月收入坡币二百余元,自甘牺牲,并招同伴十余人,带其全副机器前往。"

巾帼不让须眉,女子亦怀救国情。当时,陈嘉庚先生发出救国呼声后,几位热血华侨女青年也加入了南洋机工队伍。白雪娇,泉州安溪籍槟城筹赈会妇女部职员,看到国家号召后,瞒着父母,改名白雪樵,报名参加了机工队。白雪娇回国前,留下一封家书,信中这样写道:"亲爱的父母亲,别了,现在什么也不能阻挠我投笔从戎了……此去虽然千山万水,未卜安危,但是,以有用之躯,在有用之日,尤其是在祖国危难的时刻,正是青年奋发效力的时机"(图29.5)。

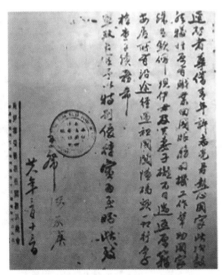 

图29.4 陈嘉庚先生亲笔签署　　图29.5 南侨机工白雪娇给父母告别信

当年,类似事件数不胜数。回国服务的华侨,有的因父母不同意,改名换姓瞒着家人,偷偷回国;有的年龄不符,虚报年龄,决然回国;有的毅然别离妻儿,奔向祖国,相约胜利归来再相会;有的放弃海外优厚待遇,毅然回国。1939年2月到9月,来自海外3200多名热血青年分批先后回国,他们当中既有普通司机、修理工,又有富家子弟、工程师、大学生等。他们不甘人后,以"南侨机工"为名,经昆明潘家湾训练所短期军事、业务集训后,先后分配至西南运输处属下的十几个大队及后来组建的

"华侨运输先锋大队"中,奔赴滇缅公路沿线服务(图29.6)。1941年1月27日,《新华日报》报道:"几乎每个人回国来参加抗战的经过,都是一段可歌可泣的史实!"

然而,要快速投入紧张的军事运输,需闯过4个"生死关"——险路关、雨季关、瘴疟关、空袭关。当时,从昆明到畹町,近1000km,穿越6座大山,5条大江和无数悬崖峭壁,当时华侨机工们这样描述道路险峻:"初一翻车,十五到底"。同时,芒市、遮放一带的瘴气也威胁技工服务队的健康。据战后统计,3000多名海外华侨回国参战付出了巨大牺牲。1000余人牺牲,1000余人在战后复员南返,其余近千人留居国内。

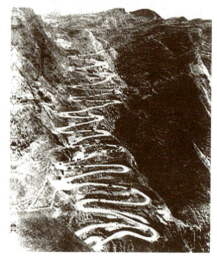

图29.6 滇缅公路延长线

三、铁血护国桥保国安

畹町桥的变迁伴随着中国远征军的浴血奋战。40万中国远征军可歌可泣的故事正是从这开始,由此谱写了中华民族一段惊天动地的英雄史诗。

1942年春,日本集结重兵进攻缅甸,意图切断滇缅公路运输线(图29.7),3月8日占领仰光,情势危急。应缅英政府请求,1942年3月初,中国派出远征军踏过畹町桥,赴缅协同英军作战。远征军由第5军、第6军和第66军组成,约10万人,先头部队是第5军200师,师长戴安澜(图29.8)。1942年4月29日,日军占领腊戍,滇缅公路被切

图29.7 进攻仁安羌油田的日军

断。当初为国出征的10万远征军不足4万人回到国内。腊戍战事焦灼之际,入缅远征军为了不让物资落入敌军之手,将各种物资及伤病员纷纷向国内转移。运送物资的车辆与逃难回国的缅甸华侨在滇缅公路上汇集,使得因战争已不通畅的交通变得更为拥挤。5月2日,为避免来不及运走的上万吨物资落入敌手,远征军不得已将存放在畹町的桐油、汽油、棉花烧毁(图29.9)。5月3日,日军派出快速部队约3000人,以装甲兵一个中队约200人为先导,越过畹町桥,沿滇缅公路长驱直入,畹町沦陷,第一次远征军入缅作战失败。

1943年,在第一次远征军入缅作战失败后,国民政府号召知识青年从军。在国民

图 29.8　戴安澜将军

图 29.9　在缅甸训练的远征军

政府努力下，孙立人任军长的新一军成为当时中国军队中整体文化素质最高的部队，被称为"天下第一军"。在美国大力支持下，中国军队第一次在武器装备上超过日军。1943年10月，孙立人指挥驻印中国远征军向缅甸战场的日军发起攻击。1944年春，中国驻印军推进至孟拱河谷。1944年3月，侵缅日军向印度科希马和英帕尔发动进攻，为牵制缅北日军、策应英军作战，中国应盟军东南亚战区统帅部的请求，于4月上旬紧急空运两个师到印度接受美械装备，随即投入反攻缅北的作战。6月，中国驻印军攻占孟拱城；8月，攻克密支那。10月中旬，中国驻印军分两路向瑞姑、八莫等地日军发起攻击。1945年3月30日与英军会师乔梅，胜利完成了反攻缅北的作战任务。

相比之下，位于滇西的远征军却陷入苦战。出师不利的他们先后遭遇了情报泄露、进攻受挫、反攻计划屡屡失败等挫折。1944年6月4日，中古征军进攻松山。松山，位于怒江西岸，扼守滇西交通要道，是中日双方军队必争之地。当时常驻松山的日军有3000余人，配备榴弹炮、反坦克炮在内的强大火力，且在过去两年已将松山建成了一座永久防御工事。日军曾为检测松山工事的坚固程度，进行了500磅炸弹试验。日军也曾狂妄表示："松山工事的坚固，足以抵御任何程度的猛烈攻击，并可坚守8个月以上。"松山战役开始之初，远征军指挥官对松山阵地情况掌握并不清楚，未做好充分战前准备。首次进攻的一个营，冲上阵地后，转眼便被敌人的轻重武器扫倒。战斗开始后仅一刻钟，一个营的兵力仅有一个排的人退下来。无奈之下，远征军继续发起冲锋，但均被日军击退。苦战半月，伤亡超过3000人。后来，将攻击部队换成何绍周军长的第8军，但仍未攻克松山。

面对坚如磐石的松山阵地，无计可施的中国军队想到挖地道爆破的方法。8月4日，中国军队的炮兵和步兵像往常战斗那样发起进攻，与此同时，工兵部队开始暗中挖掘地道。美国顾问亲自测量计算，经过十几天夜以继日挖掘后，顺利挖至松山阵地下方，并在松山地道内放置数百公斤（千克）炸药。8月20日，工兵营长摇动了电话机改装的引爆装置。爆炸结束后，副军长李弥亲自带领队伍发起冲锋，经几轮冲锋后，9月7日，远征军取得了松山战役的胜利。松山之战后，远征军先后解放了龙陵、腾冲等地。1944年，云南境内被日军占领的领土被远征军全部收回。1945年1月20日，远征军将日军赶出畹町国门，滇西抗战取得全面胜利，1945年1月27日，中国远征军与中国驻印军在芒友胜利会师，中印公路全部打通。1945年3月30日，中国远征军攻克乔梅，与英军胜利会师。至此，中国远征军圆满完成任务。

中国远征军两次入缅作战，历时3年，投入兵力约40万，伤亡近20万，是中国抗日战争史上不可磨灭的一页。这支中国的精锐军队，曾被英美媒体嘲讽为"乞丐军队"，他们用毅力展示中国人不屈不挠的抗战意志，用血肉之躯表明了中国军人敢于亮剑的精神，向世界彰显中国人民不怕艰险、舍生忘死的民族气节（图29.10）。

图29.10 中国远征军

当时，新一军一名士兵曾写过一首《知识青年从军歌》，孙立人听到后非常喜欢，逐渐便流行开来，最后成为远征军的军歌。如今的许多人或许没听过这首军歌，但它一直在历史中回响——

君不见，汉终军，弱冠系虏请长缨，
君不见，班定远，绝域轻骑催战云！
男儿应是重危行，岂让儒冠误此生？
况乃国危若累卵，羽檄争驰无少停！
弃我昔时笔，着我战时衿，
一呼同志逾十万，高唱战歌齐从军。
齐从军，净胡尘，誓扫倭奴不顾身！
忍情轻断思家念，慷慨捧出报国心。
昂然含笑赴沙场，大旗招展日无光，
气吹太白入昂月，力挽长矢射天狼。
采石一战复金陵，冀鲁吉黑次第平，
破波楼船出辽海，蔽天铁鸟扑东京！
一夜捣碎倭奴穴，太平洋水尽赤色，
富士山头扬汉旗，樱花树下醉胡姬。

归来夹道万人看，朵朵鲜花掷马前，
门楣生辉笑白发，闾里欢腾骄红颜。
国史明标第一功，中华从此号长雄，
尚留余威惩不义，要使环球人类同沐大汉风！

结语：远征精神薪火相传

  抗日战争时期，滇缅公路的畅通是对日本帝国主义 3 个月灭亡中国妄想的有力回击。中国远征军赴缅，是自甲午战争以来中国军队的首次出国作战，更是中国抗战史上浓墨重彩的一笔。远征军在缅甸战场虽然经历过失败，但经过一次次血与火的试炼，他们最终取得了胜利。南侨机工舍家卫国的背影、远征军刺向敌人的刺刀，无不表明中国人民抗战到底的决心与毅力。他们为民族存亡而献身的壮举足以鼓舞全民族抗战意志和信心。他们是人民心中的英雄，海内外炎黄子孙永远不会忘记这段历史。远征精神中所包含的捍卫民族尊严与人类和平而舍生忘死的献身精神和精诚团结、顾全大局的国际主义合作精神，也将始终激励着海内外中华儿女。作为新时代的中国青年，我们要高举爱国主义旗帜，心往一处想、劲往一处使，牢牢拧成一股绳。精神不朽，山河为证，从历史走向未来，我们必将从胜利走向新的胜利，迎来中华民族伟大复兴的光明前景！

参考文献

[1] 搜狐网. 南侨机工：赤子功勋，民族忠魂 [Z/OL]. 2021-08-13 [2022-06-21]. https：//www.sohu.com/a/483194826_121106884.

[2] 知乎. 为了忘却的纪念：中国远征军 [Z/OL]. 2018-10-03 [2022-06-23].

第30章
日寇入琼岛，断桥话沧桑
——海口南渡江铁桥

> 海南省海口市南渡江铁桥历经80余年，见证了旧时代的耻辱，也见证了新时代的变迁。如今的南渡江铁桥已经是残桥，但历史的记忆永存，如今的残桥是海南人民反抗帝国主义，捍卫民族尊严的历史实物见证。

一、海口南渡江铁桥

南渡江铁桥，位于海南省海口市东南城郊的南渡江上（图30.1）。抗战时期，日本侵略者为掠夺资源并长期霸占海南，修建了这座公路铁桥。南渡江铁桥于1942年建成通车，原名为"吕宫桥"，当地人也称"鬼子铁桥"，是海南的第一座下承式连续钢桁架桥。从引桥开始，有木桥、钢筋混凝土桥、钢梁桁架桥，多种造型并存。铁桥全长785.34m（江面段430m），宽6.8m。桥身距离洪水最高水位2m，52跨，最小跨径为6m，最大跨径为60m。设计最大载重20t，使用年限为20年。

图30.1　南渡江铁桥

1940年3月，日军为了加紧对海南岛上资源的掠夺，决定在琼文、琼定公路南渡江渡口上游5km处秘密建起南渡江铁桥。为了工程安全保密，土木部分由日本工程公司清水组承包，钢架部分由中国台湾高雄造船所制作并安装。关键工程由日本人施工，次要的由中国台湾人和朝鲜人施工，粗工重活由海南劳工承担。

1984年9月，新的南渡江大桥竣工通车，建设工期比原计划缩短105天，项目获得广东省省委"全优工程"称号。至此，一座由中国人自己建设的大桥，终于拴上了南渡江的"腰"（图30.2、图30.3）。已成为危桥的旧铁桥从此封闭停止使用，作为纪念物

图 30.2　铁桥上的钢架局部

而保存下来。2000 年 10 月，海南遭遇百年洪灾，历经 60 年沧桑的老铁桥在 10 月 14 日夜被洪水冲垮。铁桥中部约 50m 桥面塌入江中，唯余 380m 的桥面和 11 个桥墩东倒西歪地残卧在南渡江水中，见证了旧时的苦难历史。

图 30.3　如今的南渡江铁桥

二、反思的桥梁日本设计者

设计铁桥的是一位日本青年，名叫斋藤博明（中国名：黄博明）。斋藤博明于 1939 年日本东京大学土木专科毕业，毕业后进入了日本明治制糖公司。斋藤博明入职后，得到社长新元八丈雄的赏识，社长告诉他公司将在海南发展业务，希望他能去海南努力工作。这就是斋藤博明到海南的初衷。

初来海南的斋藤博明以为理想大门从此打开，他在东京大学所学的土木工程专业知识可以派上用场。他参与糖厂的设计与建设，夜以继日，不知疲倦。正当年华的斋藤博明不仅在定安开始了自己的事业，也在这里邂逅了一位定安娘子吴氏，并与她一起生儿育女。1940 年初，吴氏与斋藤博明在定安有了自己的小家。入乡随俗，他也起了个中国名字为"黄博明"（图 30.4）。

新婚不久，精通土木工程设计的黄博明被日本海军特务部任命到海口，开始着手设计南渡江铁桥。他坚持写日记："在架桥建矿和修铁路的过程中，我时常目睹大

图 30.4　退休在家的黄博明

批的劳工被迫害致死，内心备受煎熬。铁桥修建通车后，我多次目睹守桥的日军对桥下无辜民船进行扫射，看着自己设计的大桥成为罪恶的屠场，我内心矛盾重重，却无能为力。"南渡江铁桥下的鲜血给内心敏感的黄博明留下刻骨铭心的印象。眼看着活生生的生命随着枪声应声而倒，黄博明痛恨战争给无辜生命带来的伤痛由此更加强烈。

黄博明在日记中写道："昭和20年（1945年）5月，我们一行100人乘坐木造船从秀英港到达雷州半岛的南端海安，一路上经常遭到联盟军飞机的轰炸和袭击，我们夜里11点上船出海直到第二天早晨6点才到达海安上岸。步行了四五个小时到达徐闻县城，街上空无一人，我们在徐闻休息了两三天又步行到下桥休息半天再到达青桐，在此地训练两周，然后每日步行到达湛江，又经廉江向广西进发。一路上时不时与中国陆军遭遇战斗，中队死伤十多人，敢死队也遭遇中国军队的迫击炮被打散了，我们的武器严重弹药不足，缺水缺药没粮食补充，最后连收发电报用于记录的纸张、笔甚至发报机的电池都没有了。夜里我们会去老百姓的田里偷挖芋头地瓜这些东西来吃。负伤人员众多，夜里我们只能睡在潮湿的海边草地上，听着伤兵的呻吟，还有人在暗自哭泣，那种情景犹如日本古歌里的哀调。长夜漫漫如此惨淡，士兵们厌恶了战争渴望回到家乡，长夜漫漫无明日……"

1945年5月，随着日军死亡征兆的来临，处于战争中的黄博明和日本黑潮会（"黑潮会"是日本青年反战的秘密组织，地点在琼台书院）的青年偷偷聚会，黄博明的日记写道："在一次收粮中，遭到游击队的伏击，我侥幸逃生。我第一次感到命运被操纵的无奈，与日本黑潮会来海南教书的青年教师饮酒痛哭，大家同感前途迷茫与思乡情切。"

三、以身赎罪长眠海南

战争结束后，作为日本人的黄博明，经过多次彻夜难眠，他终于做出了留在中国的人生重大抉择。他要养育在战争中生下的孩子，他要以个人行动为这场侵略战争赎罪。但是，这是一个充满风险的决定。虽然日军侵略期间，他没有拿过枪杀过人，但他是铁桥的设计者，这座桥是日本对海南岛资源掠夺的罪证，黄博明始终无法摆脱这强烈的负罪感。

1950年，日本千叶县政府经过多年寻找，也没有得到黄博明的音讯。家人接受千叶县政府宣告黄博明的死亡，并把他的"遗骨"送到家族墓地，修建坟墓，从此，黄博明成了家族"战死"的"英雄"，年年接受香火的"祭拜"。其实已经改名为黄博明的斋藤在中国海南开始新的人生。

1955年，经过严格审核，黄博明进入海南行政公署工业处任工程师，从此，黄博明开始了一生漫长的"赎罪"过程。百废待兴的海南极其需要他这样的技术人才。东京大学严格的学术训练和后来的实践经验,让黄博明在海南工业界很快脱颖而出,他终于在中国找到施展才干的机会。

他夜以继日地工作,他主持建设的工厂遍及全岛,已40多家。海南工业龙头企业海口罐头厂由黄博明主持设计,那些超前的设计理念为海口罐头厂(椰树集团的前身)带来巨大的收益,成为海南工业界的一面旗帜。黄博明以优异的能力和工作业绩,得到了中国政府和人民的认可。海南成就了他后半生的事业,海南就是他的第二故乡(图30.5)。1992年,黄博明获得国务院颁发的政府特殊津贴专家。2007年秋天,黄博明在海南去世,享年90岁。家人按照他生前的吩咐,将他葬在中国,和他妻子埋葬在一起。

图30.5 黄博明在车间工作

结语:断桥话沧桑

抗日战争历时之长,伤亡之惨重,前所未有。从东北到海南岛,日本军国主义的铁蹄踏遍中国,给中国人带来巨大灾难。被卷入战争的日本人斋藤博明也在战争的漩涡中一度无助,迷茫,甚至被迫助纣为虐,而新生的黄博明却以自己一生的行动救赎自己的灵魂,以求得到永久的安宁。14年抗战,14年离乱,离乱的又何止是被害者的人生?

历经80余年,南渡江铁桥早已成断桥残墩。铁桥一路走来,见证了旧时代的耻辱,也见证了新时代的变迁。大自然的伟力冲垮了铁桥,却冲刷不掉人们对战争恐怖的记忆。

至今,作为纪念物而保存下来的南渡江铁桥,成为日本帝国主义者侵略、掠夺海南岛的铁证,同时也是海南人民反抗帝国主义,捍卫民族尊严的历史实物见证。昔日的铁桥已断,历史的记忆永存,让我们向伟大历程致敬、向伟大复兴誓师。

参考文献

[1] 钟瑜. 铁桥记忆[J]. 今日海南,2015(09):4-5.

[2] 曾萍,朱跃生. 镜头里的南渡江铁桥[J]. 今日海南,2014(06):42-43.

[3] 冯仁鸿. 海口百年[J]. 椰城,2008(01):16.

[4] 搜狐网. 南渡江铁桥记忆:见证一个日本工程师的命运[Z/OL]. 2015-09-14 [2022-04-23]. https://www.sohu.com/a/31781975_121315.

第31章
十四年烽火岁月，一纸降书落芷江
——湖南省怀化市芷江七里桥

　　七里桥位于芷江城七里桥村，是一座跨度不到100m的单跨石拱桥。七里桥本是一座默默无名的石拱桥，却因见证了"芷江受降"而闻名。芷江受降，雪洗了百年民族耻辱，让抗日战争终于在湖南芷江七里桥画上了圆满句号，是近代中国首次以战胜国姿态受降。芷江这座湘西边陲小城，也由此成为中国战区第一个受降地，在抗日战争史上写下光辉一页，是中国人民抗日战争胜利的标志，是世界反法西斯战争胜利的重要历史见证。

一、芷江七里桥

　　芷江地处湖南西部，居云贵高原东缘和雪峰山脉之间，关隘险阻，山峦叠嶂，古属"五溪蛮地"，因著名诗人屈原"沅有芷兮澧有兰"而得名，是通往西南诸省的通道，素有"滇黔门户、全楚咽喉"之称，为历代兵家必争之地。七里桥，位于芷江城外七里的七里桥村，为一座单跨石拱桥，跨度不到100m，桥边立有一座石碑，上刻"日军投降之地"（图31.1）。拱桥是主要承重结构为拱的桥型，在竖向荷载作用下，两端将产生水平推力使拱内产生轴向压力，从而大幅减小了拱圈的截面弯矩，使之成为偏心受压构件，截面上的应力分布与受弯梁的应力相比，较为均匀。七里桥对面是世界上唯一一座二战

图31.1　芷江七里桥

胜利纪念标志建筑——被称为"中国凯旋门"的"芷江受降纪念坊",纪念坊以白石砌成,四柱三门,造型像一个"血"字,坊上有这样的碑文:"和平未到绝望,绝不放弃和平;牺牲未到最后关头,决不轻言牺牲"。如今,受降坊的正式名称为中国抗日战争胜利纪念馆,七里桥见证了中国抗战之胜利。

二、七里桥受降

1945年4月,日本侵略者为了打开攻占陪都重庆的大门,妄图夺取芷江空军基地,集结8万余兵力分三路合围芷江,史称"湘西会战"。历时两月,我军打得日军狼奔豕突,损失惨重,最终日军彻底溃败。当时美国《纽约时报》发表评论:"芷江会战胜利佳音,可视为对日战争转折之暗示"。湘西会战的胜利标志着中国抗日正面战场由防御转入反攻阶段。中华民族抗战,以3500万军民的血肉,在近代史上第一次换取了抵抗外来侵略的伟大胜利。8月18日,中国政府在湖南芷江成立了日本投降签字典礼筹备处,8月21~23日,中国政府在芷江城郊的七里桥旁举行了中国战区受降典礼,史称"芷江七里桥受降"。

1945年8月21日,芷江机场秋高气爽,碧空万里,中国国旗迎风飘扬,机场跑道停歇着100余架飞机,5000多人聚集机场,成百部吉普车及各式各样的军车、小轿车停放路边。当天11时15分,中机3架及日机1架依次着陆,日机按指挥台指示绕场滑行一周,驶向指定地点,中美官兵数千人从机场四周蜂拥而至。机停后,机尾4m长的标志投降白布条,即被中美官兵撕碎,各自留作纪念品收藏。当今井武夫发现投降白布标志被撕碎时,深感羞耻,今井武夫叹息:"作为战败国使节,等于铐着双手来芷江乞降"。日军降使代表今井武夫等一行人缄默无语,面带戚容,走下飞机,向我国国旗敬礼,随即在我军引导下,登上插有白旗的吉普车,被送往警戒森严的七里桥旁的临时招待所,等候召见。马路沿途人声沸腾,"打倒日本帝国主义""审判战犯""严惩战争罪犯""要和平不要战争"等口号及锣鼓声、掌声、鞭炮声震耳欲聋,经久不息。

8月23日下午3时,中国陆军总部要员、各战区长官、美国特使及中外记者100多人环坐在受降会场左右,日本降使被宣召,通过七里桥进入受降会场(图31.2)。今井武夫及随员,一扫往日不可一世的狂妄,接受了严正的"审判"。会议开始之初,主持受降的陆军总参谋长萧毅肃首先以何应钦将军的代表身份,介绍自己和我方另两位代表,然后验明今井武夫等降使身份,今井武夫交出了日军在华兵力部署图。萧毅肃在向日方代表说明承命程序后,便宣读"中字第一号备忘录"。今井武夫专心聆听,详阅日文读本,并在承受书上签名盖章,接受了国民政府载有关于各战区日军投降详细规定的备忘录,正式宣告了日军侵华战争的结束。

图 31.2 受降典礼

据当年目睹受降仪式的老人回忆，早在 8 月 19 日，日本降使将要来芷江洽降的消息一传出，芷江全城顿时沸腾起来。家家户户门前悬挂起节日的彩灯，大街小巷贴满了"庆祝胜利，巩固世界和平""抗战胜利万岁"等标语和横幅；在县城东门两旁贴出鲜红的巨幅对联，上联为"庆五千年未有之胜利"，下联为"开亿万世永久之和平"；在横跨舞水的龙津大桥东西两端，人们用翠柏青松搭起两座高大的牌楼，牌楼上"正义大道""和平桥梁" 8 个 $1m^2$ 的大字格外醒目；有些商店的主人更是别出心裁，用五彩灯泡组成"日本投降了，天下太平了"字样，表达心头的喜悦；鞭炮"噼噼啪啪"连连爆响，大大小小的汽车鸣笛庆贺……整个芷江城沉醉在胜利的欢乐之中。

芷江受降"震古烁今"，"名城首受降实可知扶桑试剑富士扬鞭还输一着，胜地倍生色应推倒铜柱记功燕然勒石独有千秋"。何应钦的联书概括了芷江七里桥受降的崇高历史地位。至此，为期 14 年的抗日战争终于在湖南芷江七里桥画上了圆满句号，七里桥对面的受降纪念坊朝东而建，寓意日本是从东方而来向我国投降。四柱三拱门的血字造型凝聚着 3500 万中华儿女为抵御外侮奋勇前行的热血。

三、弓背低头为自尊

在芷江受降纪念坊展览厅里，有几幅当年拍下的老照片，记录日本投降代表走下飞机乘车经过七里桥，去受降地的场景（图 31.3）。从照片上看到，日本投降的最高代表、副总参谋长今井武夫走下飞机，上了国民政府准备的一辆无篷吉普车。汽车先绕着机场转一圈，车头上插着一面白旗，在场见证的有中日代表、美英等同盟国代表、国内外新闻记者等，汽车

图 31.3 七里桥头的士兵

行进到一个地方，镁光频闪，抢拍着历史性的一幕。这几张照片，记录了今井武夫乘坐的车辆从一侧过来、经过和离去的几个连续画面。第一张照片，车上只有今井武夫一行四人，司机却不见了，但车一直朝前开；第二张照片上其他人不变，司机位置上露出一个钢盔；第三张是个90°垂直照，司机身体终于全部露出了，是一个国军士兵，他缩着身子，弓着背，把头压得很低。

为什么要这样呢？原来受降那天，芷江驻军中的司机们都不愿意去给日本人服务，军队长官下了死命令，这个不走运的士兵领上了这桩倒霉的差事。他认为跟日本人坐在一起是巨大的耻辱，又有人在前面照相，如果把他照进去了，那更加不光彩，当经过七里桥，有相机对着吉普车时，他有意低下了自己的头。

原来是这样！这位士兵身材很不起眼，是车上几个人中最瘦小的，他有鲜明立场，又能顾全大局。照片上的那个无名士兵，他的低头是为了他心底的自尊，实则是一种昂首，彰显了高贵的风范和不屈的精神。这件小事说明，不是取得胜利就一切止住了，远去的那场战争，与每一个生命的尊严命运密切关联、影响深远。

结语：降书永记抗战史

"十四年烽火岁月，一纸降书落芷江"。芷江七里桥受降是中国军民坚持14年抗战的直接结果，也是近百年反侵略战争胜利的伟大记录。至此，以国共合作为基础，包括一切爱国力量参加的抗日战争，以中国最后的全面胜利和日本侵略者的彻底失败而结束，不可一世的日本侵略者在芷江不得不向中国人民低头投降。芷江七里桥是中国人民抗日战争胜利的历史见证。抗战全面爆发后，在中华民族最危险的时刻，举国上下，地不分南北，人不分老幼，以巨大的牺牲捍卫了民族尊严。从此，民族意识空前觉醒，古老的中国凤凰涅槃，浴火重生，为中华民族的最终解放独立奠定了基础。"芷江七里桥受降"标志着百年的屈辱得到了洗刷。从芷江这座胜利之城，我们深切感受到了"天下兴亡、匹夫有责的爱国情怀，视死如归、宁死不屈的民族气节，不畏强暴、血战到底的英雄气概，百折不挠、坚忍不拔的必胜信念"。我们要铭记伟大的抗战精神，它是中华民族弥足珍贵的精神财富，它将不断激励中国人民朝着中华民族伟大复兴的中国梦奋勇前进。

明山巍巍，舞水潺潺。漫步芷江，神奇秀美的自然风光，独特浓郁的侗乡风情，丰富厚重的人文历史，无不让人感受到和平的美好。硝烟散尽是和平，如今的芷江七里桥，已成为中国乃至世界人民铭记历史、庆祝胜利的重要纪念地。和平来之不易，和平必须捍卫。守望未来，我们必须牢记历史，珍惜来之不易的和平，善于从历史中汲取智慧和力量。

参考文献

[1] 吴和平，吴建宏. 中国战区对日受降的三个环节 [J]. 湖南工业大学学报（社会科学版），2018，23（03）：112-116.

[2] 中国人民抗日战争胜利受降旧址和纪念馆 [J]. 新湘评论，2020，（21）：65.

[3] 芷江兴建抗战胜利受降城 [J]. 抗日战争研究，1993，（04）：228.

[4] 谢志贤. 芷江受降与"洽降"辨析——论芷江受降非"洽降" [J]. 文史博览（理论），2016，（11）：10-12.

[5] 杨宗锡. 芷江受降揭密 [J]. 湖南省社会主义学院学报，2005，（04）：58-59.

[6] 杨王慧. 芷江受降纪念坊探析——中国人民抗战胜利受降的历史见证 [J]. 东方收藏，2021，（17）：54-55.

[7] 林泽花. 芷江抗战文献目录研究 [D]. 长沙：湖南大学，2018.

[8] 何玉花. 芷江红色文化资源价值评价与服务创新研究 [D]. 湘潭：湘潭大学，2020.

[9] 李松. 约瑟夫·德谈芷江受降彩照背后的故事 [J]. 湘潮（上半月），2015，（12）：39-40.

[10] 杨王慧. 新闻视域下芷江受降传播意义研究 [J]. 新闻前哨，2021，（11）：109-110.

[11] 吴和平. 论芷江受降的历史地位——与卢彦名等商榷 [J]. 三峡论坛（三峡文学·理论版），2018，（03）：47-53.

[12] 田均权，唐雯. 论和平文化视域下的芷江国家历史文化名城申报 [J]. 怀化学院学报，2017，36（08）：21-25.

[13] 宋娜杰. 抗战时期的芷江机场及其对抗战的贡献研究 [D]. 吉首：吉首大学，2017.

[14] 杨必军. 关于"芷江受降"与"芷江洽降"比较研究 [J]. 湘潮（下半月），2016，（01）：11+26.

[15] 双木·如故. 关于"芷江受降" [J]. 湖南档案，1985，（05）：2.

[16] 彭杨. 不忘初心，弘扬抗战精神——芷江抗战受降的历史价值 [J]. 科教文汇（中旬刊），2018，（07）：20-21.

[17] 曾长秋. 论湘西会战和芷江受降的历史地位 [J]. 怀化学院学报（社会科学），2006（09）：65-67.

[18] 刘功虎. 抗战中的芷江机场 [J]. 工会信息，2017（24）：3.

[19] 木青. 芷江：日本投降第一站 [J]. 环球军事，2004（22）：50-51.

第 32 章
水门桥上风云聚，志愿强军断敌途
——长津湖水门桥

抗美援朝期间，有这么一座意义非凡的桥，被志愿军三次炸毁，差点成为美陆战第 1 师 14000 余人的坟场，这就是水门桥。1950 年 11 月，志愿军第 9 兵团在长津湖地区对美军发起猛烈进攻，美军节节败退，为跳出我军包围圈而往南撤退，而美军后撤必经水门桥。想要阻止美军撤离，就必须炸掉水门桥。于是志愿军派遣穿插小队"三炸"水门桥，用鲜血和身躯阻敌一周。但因美军通过飞机空投车撤桥组件重新架桥，美军最终得以逃脱。如今水门桥已经成了战争残骸，惨烈的战事早已平息，但残骸之下战士们的英魂永垂不朽，他们一腔热血为人民、赤胆忠心保国家的不屈精神永垂不朽！

一、长津湖下风雪水门桥

水门桥（图 32.1）的上游是著名的长津湖，长津湖是朝鲜北部最大的湖泊，在长津湖以东约 30km，是由长津江最大支流赴战江所形成的赴战湖，两大湖泊及其附近地区就被称为长津湖地区。长津湖地区一般从 10 月下旬开始进入冬季，至 11 月下旬日平均气温可到 −27℃，且风雪交加更显严寒。水门桥战役期间正值冬季，冰天雪地的恶劣环境使得许多战士被严重冻伤，当地人烟稀少也导致了当时战士口粮难以为继，志愿军作战条件极其之艰苦。

水门桥位于朝鲜古土里以南 5.6km，架在两座山体之间。长津湖水库底下引水涵洞通过 4 条巨大的管道在此处汇入水门桥下，以极陡的坡度贴合着山体向下延伸。水门桥的跨径虽然只有 8.8m，但下面是坡度极大近乎断崖

图 32.1　水门桥

的山坡,也是当地唯一一座可以通行车辆和人员的桥梁。美军陆战一师要逃出长津湖地区,必须经过水门桥。

二、穿插小队一炸水门桥

在抗美援朝战争进行到第二次战役时期,接连失利的美军不得不撤离长津湖地区,企图跳出我军包围圈。志愿军乘胜追击,派遣穿插小队火速赶往美军后撤必经的水门桥执行炸桥任务,阻断美军退路,实现合围,痛打落水狗。

1950年12月1日志愿军第20军第60师中精通爆破的作战参谋郭荣熙带领一支营级侦察分队负责炸桥任务,穿插到了水门桥附近,长途奔袭赶到水门桥附近已是晚上,在到达水门桥后顾不上休息,在了解水门桥的基本情况后,郭荣熙便根据水门桥桥型的特点,将炸药安装在桥头与公路接合处,当天晚上第一次炸断了水门桥桥面(图32.2)。

志愿军小队所炸毁的路面只是属于桥梁上部构造中的桥面铺装,桥面铺装是指铺筑在桥面板上的防护层,所以将桥面炸毁只能影响水门桥的通行能力,但考虑美军大多数士兵都是乘坐车辆或者坦克撤退,按照郭荣熙(图32.3)以往的经验,想要在这种零下几十度的"鬼天气"把桥恢复到能通车的程度,没有一个星期的时间是不行的,并且水门桥下可是万丈深渊,美军除了修复水门桥没有其他退路可言,在战士们看来将路面炸毁已经足够阻止美军过桥。

图32.2 第一次炸毁后的水门桥

图32.3 郭荣熙(左一)

虽然炸桥成功,可郭荣熙与先遣小队的战士们也没有完全放松警惕,分派出一部分人来观察美军的动作。美军到达后发现水门桥被炸毁,焦急万分,但很快就有工兵营带着一些稀奇古怪专门修桥的装备开始了维修作业,并利用周围的废弃木料,将水门桥修修补补,搭成了一座木桥。桥虽然变成了木桥,可是连卡车开过桥身都不见较大幅度的摇晃，此时的郭荣熙不得不承认他有些大意了，而侦察小队也瞬间意识到新的任务来了。

三、雪夜二炸水门桥

郭荣熙并没有犹豫，为了尽快阻止美军撤退，他很快整合小队所有力量筹备第二次炸桥。12月4日夜，小队趁着雪夜悄然逼近水门桥，而郭荣熙亲自负责爆破。在零下40多度的严寒中，他身着单薄的军衣，身上捆扎将近二三十斤的炸药包，冲在了最前面。美军自然不会坐看战士们炸桥，猛烈的火力不停对战士们进行着扫射。郭荣熙虽然来到了水门桥的附近，但是他当时没法查看桥上的情况，只能凭借自己的爆破经验，去安装炸药。多亏郭荣熙胆大心细，很快，他在敌人的扫射下，快速地完成了所有炸药的安装。

就在郭荣熙拉响发火管后，他整个人就像短跑运动员一般，如猎豹一样窜了出去。他虽然及时跑出，但是最后还是被飞石击中，他的左小腿腓骨直接折断，而且以一个诡异的角度反方向扭转。所幸随着一声巨响，水门桥成功被第二次炸毁，没有白费战士们的努力与牺牲。成功炸桥后，战士们并没有忘记将之前美军用剩下的木材一并炸掉，以防美军故技重施（图32.4）。

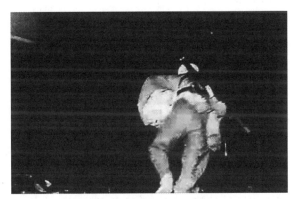

图 32.4　冲锋爆破的志愿军战士

就在志愿军战士们为第二次炸桥成功高兴欢呼时，一支装备更加奇怪的美军机械化部队——第58架桥连在白天赶来支援。他们是随军撤离的工兵连之一，该连拥有4辆载重6t的布罗克威桥梁卡车，可以装运沉重的车撤桥组件。车撤桥，也称贝雷桥，是两片主桁架之间通过横梁联系，在横梁上面配置纵梁和桥板，并由撑杆及系材使其固定，而架成桥梁，这种车撤桥是美军开发的一种多节钢制桥梁构件，由两条轨道和中间的踏板组成，两个车辙桥组件并排放置，便能形成一条道路。这种桥只需吊运放置到需要的地方，就可快速完成架桥使美军迅速通过阻碍。

在志愿军第二次炸桥后，美军第58架桥连便使用仅有的车辙桥组件第二次修复断桥。如果水门桥再次被炸掉，美军必然沦为瓮中之鳖。但对于装备简陋、人数少、炸药消耗殆尽的穿插小队而言，再次炸桥是无能为力了。因此，郭荣熙不得不向上级寻求支援，并且详细汇报了当前状况。而就在小队等待大部队支援时，美军在水门桥附近组建起了强大的火力网，以守护修好的水门桥，这无疑极大地增加了志愿军再次炸桥的难度。见此，志愿军只能派遣大部队向水门桥行进准备发起强攻。

四、援军三炸水门桥

12月6日晚，志愿军的支援部队终于赶到了水门桥，带来了发起第三次炸桥行动的炸药包。志愿军战士们在我方火力掩护不足的情况下，见战场全部被雪所覆盖，便将身上所穿的棉服反过来，以白色内胆对外当作简陋的迷彩服，义无反顾地冲向战场，为炸桥的同志清除障碍。战士们冒着战火冲锋的可是水门桥下坡度极大的山崖啊，加上厚厚的积雪，顶着美军强劲的火力逆流而上，惨烈程度可想而知。在敌人强大的火力网面前，志愿军战士一个接一个地倒下，但却没有一人选择退缩，有些被子弹和炸弹打断手脚的战士，仍奋力向水门桥艰难地爬动、滚动。他们用自己的生命把炸药运送到了桥上。

志愿军80师中的240团3营7连便是炸桥队伍中的一部分，而当时的7连在经过两天滴水未进地长途跋涉，到达水门桥时，早已筋疲力尽。但钢铁一般的意志仍然支撑着他们前进。时任7连连长的姜庆云（图32.5）和战士们顾不上休息，一到战场便冲锋而上。但敌军火力太强，仅一个瞬间的接触，姜庆云身边就倒下了六七人。而姜庆云知道他不能停下来，否则就辜负了战友们的牺牲。凭借着惊人的毅力与战士们大无畏的精神，姜庆云带领的7连还是成功冲到水门桥下并安装好了炸药。而姜庆云在冲锋之时不小心被两发子弹扫中，在他倒下之后并没有放弃，而是鼓励战友继续把握来之不易的机会完成炸桥任务。最终在志愿军部队的强硬冲锋下，战士们惨烈地完成了第三次炸桥。

天亮之后，志愿军的一位副师长亲临战场确认桥梁损坏情况，在用望远镜观察后，慎重地向上级汇报"水门桥已被完全炸毁，美军已成了瓮中之鳖，除非有奇迹出现"。

但我们还是低估了美军的科技实力，美军最终动用运输机空投了8套钢制车撤桥组件（图32.6），其中一套着陆时损坏，一套落到志愿军阵地上，而美军收到了6套。在接收到空投的钢梁组件后，美军架桥连便第一时间将其装上卡车运输到了水门桥前。可

图32.5 参加过水门桥之战的姜庆云

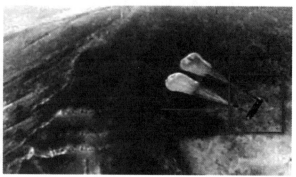

图32.6 空投时的场景

第32章 水门桥上风云聚，志愿强军断敌途——长津湖水门桥

单有桥梁的上部结构还不足以将水门桥修好，还需要支承上部结构并将其传来的恒载和车辆等活载再传至基础的桥墩、桥台以及基础等下部结构。由于之前志愿军将水门桥完全炸毁了，美军在架桥连开始着手搭建桥梁之前，召集士兵们收集残余的木材和沙袋在炸断的桥头处修建起了桥台。就这样，美军的工兵们加班加点，用了3个小时将4个桥段组装完成，每侧2个，彼此平行，使水门桥恢复了车辆通行能力。

12月8号下午，在被志愿军炸断的桥梁之上，一座全钢结构、可以通过包括坦克在内的全部重型机械车辆的水门桥再次出现，连通了美军的撤退之路。不久后，美军陆战一师先头部队抵达水门桥，开始过桥。由于时间过短，志愿军无法再次组织一场有效的炸桥行动，战士们怒发冲冠，却也心有余而力不足，只能眼睁睁地看着美军残部陆陆续续通过水门桥，一路南撤，侥幸逃脱。

1950年12月11日，美军全部通过水门桥。为防止志愿军追击，美军将水门桥完全炸毁，变为了一堆战争残骸。水门桥的故事至此结束，但战争却还在持续着，水门桥之战也只是志愿军无数场艰难战斗的缩影之一，更有着无数和在水门桥大战中战士们一样英勇的士兵们在其他不同的战场上为国家浴血杀敌。

结语：我们的后辈不用打仗了

水门桥战役，志愿军战士面对装备精良的美军没有丝毫退缩，先后3次炸毁水门桥，顺利完成了上级交代的任务。战士们始终牢记着自己捍卫国家主权、保家卫国的光荣使命，他们发扬勇敢战斗、不怕牺牲的作风，在战场上抛头颅、洒热血，展现了无论遇到多么强大的敌人，都能压倒他们、消灭他们的英雄气概，用生命诠释了英勇顽强、舍生忘死、不畏艰难困苦，始终保持高昂士气的革命英雄主义精神。

在抗美援朝战场上，到处皆是水门桥战士一般的勇士，他们用钢铁般的身躯化作边境线上的铜墙铁壁，粉碎了侵略者希望将中华人民共和国扼杀在摇篮之中的阴谋，拼来了山河无恙、家国安宁，充分展示了中国人民不畏强暴的钢铁意志！

抗美援朝战争，是一场正义之战、爱国之战。这一战，志愿军发扬了祖国和人民利益高于一切、为了祖国和民族的尊严而奋不顾身的爱国主义精神，在极不对称、极为艰苦的条件下，打破了美军不可战胜的神话，创造了以弱胜强的典范，锻造了伟大抗美援朝精神。

"我们把该打的仗都打完了，我们的后辈就不用打了！"正如电影《长津湖》中的这句台词，当今的世界并不和平，我们只是生活在一个和平的国家，而今天的和平是由无数无名英雄用血肉换来的。一个有希望的民族不能没有英雄，一个有前途的国家不能没有先锋。抗美援朝战争中，英勇的中国人民志愿军将士肩负民族的希望，高

举保卫和平、反抗侵略的正义旗帜，历经舍生忘死的浴血奋战，谱写了气壮山河的英雄赞歌。

参考文献

[1] 抗美援朝纪念馆. 冰雪长津湖 [Z/OL]. 2021-08-24 [2022-04-20].

[2] 光明网. 志愿军三炸水门桥 [Z/OL]. 2022-03-29 [2022-04-25].

[3] 徐关尧，喻忠权. 装配式钢桥的现状及发展趋势 [J]. 钢结构，1999（03）：47-49.

[4] 邵旭东. 桥梁工程 [M]. 北京：人民交通出版社，2019.